KB250124

화, 불안

감정에 사로잡히면 병이 된다

화, 불안

감정에 사로잡히면 병이 된다

오노코로 신페이 지음 | 강성욱 옮김

경성라인

“나도 화를 내네. 화를 내지 않는다는 건 불가능한 일이지. 그렇지만 화가 나면 바로 버려야지.”

소화(昭和) 시대의 인물인 나카무라 덴뿌(中村天風)는 사상가이자 실업가이며 일본 최초의 요가 행자이다. 천풍회(天風會)를 창시하고 심신통일법이라는 방법을 깊이 연구하여 세상에 널리 보급한 사람이지만 그런 덴뿌조차 '화에서 자유로울 수 없으니 바로 훌훌 떨쳐버릴 방법밖에 없다.'라고 했다.

그렇군. 화란 바로 버리는 것이군.

화가 났다! 울컥한다! 울화통이 치민다! 조바심이 난다! 화를 내고 싶을 때가 있다.

그럼에도 불구하고 즉시 버려야 한다고 마음먹으면 분명 화는 더 이상 커지지 않는다.

'화를 내지 말자.' 하고 생각하면 문제가 생긴다.

화를 내면 안 된다고 자신을 옥죄면 화를 냈을 때, 자신을 책망하게 되기 때문이다.

화가 난다. → 바로 버린다.

이 습관은 우리 몸에 아주 유익하다. 우리 몸에 있어서 중요한 것은 초기반응이다. 냄새도 냄새가 나는지 아닌지는 처음에 공기를 맡았을 때 가장 강하게 작용하며, 모든 냄새는 한 장소에 계속 머물러 있으면 점점 익숙해진다. 그 익숙함은 그 장소에서 벗어나서 다시 그 장소에 들어갈 때까지 느끼지 못한다.

소리의 경우도 시끄러운 곳이라도 계속 같은 곳에 있으면 점점 익숙해져서 신경에 거슬리지 않게 된다. 덜컹거리는 시끄러운 전철 안에서 잠을 잘 수 있고 반대로 그 소리가 멈춰서 갑자기 조용해지자 잠에서 깬 경험을 한 사람이 누구나 있을 것이다.

오감은 처음에는 민감하게 반응하지만 나중에는 서서히 그 감도(感度)의 볼륨이 줄어든다. 이와 같이, 화나 두려움, 걱정도 초기반응이 중요한 것이지 계속 가지고 있으면 '증폭한다.'라는 것은 전혀 이치에 맞지 않는다. 감정은 증폭되는 시점에서 '기능 에러'를 일으키는 것이다.

'관성의 법칙'이라는 물리현상이 있는 것처럼 마음도 어떤 감정을 품으면 관성의 법칙이 작용하여 그 감정을 지속적으로 갖게 되는 것이다. 화나 초조함, 두려움, 불안, 슬픔과 같은 감정은 초기반응의 범위에서 볼 때 매우 중요하고 필요한 것으로 인간이 살아가는 데 빼놓을 수 없는 '기능'이다.

그러나 무슨 일이든 정체되면 부패하는 것처럼 화 때문에, 두려움 때문에, 계속해서 불안에 사로잡혀 있으면 몸에 '독'이 쌓인다.

나는 20년 가까이 마음과 몸을 이어주는 카운슬링 일에 종사하고 있다. 심리학과 생리학을 접목시키면서 클라이언트들의 구체적인 몸의 고민을 해결해왔다. 그런 경험을 기초로 나는 이 책에서 감정과 몸의 관계를 분석하고 '마음을 정리하면 병에 잘 걸리지 않는다.'라는 사실을 설명하고자 한다.

육체적인 음식과 운동, 수면 사이클과 같은 생활습관이 있는 것처럼 '마음의 생활습관'이라는 것도 있다. 마음의 생활습관을 다른 말로 표현하자면 '의식(意識)'이다. 많은 의식에 구속되면 화, 초조함, 불안, 우울과 같은 감정이 생기기 쉽다. 게다가 그런 감정의 스위치가 일단 켜지면 여간해서는 그 모드에서 벗어나지 못한다.

그리고 그러한 감정은 우리 몸에 상상 이상으로 구체적인 영향을 주고 있다. 예를 들어 '기미'에 대해 생각해보자. 갓 태어난 아기에게 기미는 없다. 기미는 후천적인 것이기 때문이다. 여기서 기미도 '감정의 축적 결과'라고 하면 놀랄 것이다.

기미의 원인인 멜라닌을 만드는 것은 멜라닌세포인데 멜라노사이트라고도 한다. 멜라닌세포는 항상 피부를 보호하려고 한다. 본래 멜라닌세포는 신경세포와 친척지간이고 그래서 태양광에 반응한다. 태양광으로부터 보호하기 위해 피부에 보호막을 만들려고 한다. 하지만 너무 왕성해서 때때로 기미를 만들게 되는 것이다.

태양 아래라는 '백일하'라는 말은 어떤 것을 밝게 하는 스포

트라이트와 같다. 따라서 어떤 사람에게 있어 밝게 하면 곤란한 것, 주목을 받아서는 곤란한 것이 많은 경우는 필요 이상으로 '숨기려는' 움직임이 작용해서 멜라닌을 많이 만드는 것이다. 멜라닌세포는 신경세포와 친척지간이기 때문에 피부에 자극을 주는 것을 민감하게 파악한다.

이것은 물리적인 것뿐 아니라 '사람의 시선'도 마찬가지이다. 사람의 시선에 대해 '민감하게 반응하는 경향'이 강한 사람의 몸은 사람의 시선 자체를 피부의 자극이라고 느끼게 된다. 멜라닌세포는 그러한 태도에 확실하게 반응한다.

또 기미 중에는 간장의 신진대사가 떨어져서 생기는 간반(肝斑)이라는 것도 있다. 간장(肝臟)은 바로 화(怒)이다. 이 책의 제1장에서도 언급하고 있지만 극심한 화까지는 이르지 않더라도 평소에 갑자기 초조해지는 경우가 많이 있을 것이다.

사람들이 붐비는 곳에서 울컥하고, 느긋하게 걷지 못하고, 주위를 두리번거리다 소리를 치고 싶어진다. → 길을 비켜줘!

누군가의 사소한 말 한 마디에 울컥해서 왜 그렇게 말하는 거야. → 나를 잘 알지도 못하면서!

'울컥, 불끈, 작고 사소한 일로 울컥하는 것'을 이 책에서는 '울컥증'이라고 호칭하겠다.

사람은 지키고 싶은 것이 많으면 많을수록 '울컥증'이 많아져서 아주 사소한 자극에도 민감하게 반응하게 된다.(그때마다 기미폭탄이 투하된다고 생각하면 된다.)

피부의 기능으로 말하면, 사람의 표피는 '턴 오버'라는 강한 마음의 기능을 가지고 있기 때문에 다소의 멜라닌은 턴 오버 사이클에 의해 각질층으로 밀려난다. 그런데 피부가 계속 지나치게 많은 자극을 받으면 다량의 멜라닌이 만들어져서 그것이 스크럼을 짜버리게 되는 것이다. 무거운 멜라닌 스크럼이 형성되면 턴 오버에 의해 밖으로 나가지 않게 된다. 흩어져 있는 멜라닌은 밖으로 밀어낼 수 있는데 딱딱하게 굳어서 응축된 멜라닌은 피부

속에 머물게 된다. 이 방어 스크럼으로 머무는 것이 바로 기미의 정체이다. 그리고 이것은 감정에도 해당된다고 할 수 있다.

멜라닌세포는 태양광뿐 아니라 몸 내부의 감정에도 확연하게 반응하기 때문에 '울컥증'이 계속되면 스크럼을 짜서 기미를 형성한다. 반복해서 말하지만 멜라닌이 스크럼을 짜는 것이 문제이기 때문에 기미를 예방하기 위해서는 '울컥증'이 작을 때, 스크럼의 분해 능력을 높이는 것이 효과적인 수단이다. 분해, 이해, 즉 일단 자신의 '의식'을 열고 상대의 입장과 관점을 '이해'하려고 하는 마음이 중요하다.

상대를 이해한다는 것은 '왠지 타협하는 것 같아서' 거부감이 들지도 모른다. 하지만 기미 예방에 국한하지 않고 감정의 연속성을 저지하고 몸에 독이 쌓이지 않도록 하기 위해서는 상대의 기분을 이해하는 것이 가장 효과적인 수단이다.

자, 이제 레슨이다.

　　사람들이 붐비는 거리에서 울컥한다, 느긋하게 걷지 못하고 주위를 둘러본다. → 울컥증 분해사고 : 이 사람들은 내 초조 모드의 리듬을 바꿔주고 있다.

　　바쁘거나 정신이 없을 때, 아이가 고집을 부린다. 왜 하필 이럴 때 고집을 부리지. → 울컥증 분해사고 : 내 불안을 아이가 대변하고 있다.

　　다른 사람의 사소한 지적에 울컥한다. 왜 그런 말을 해서 나를 괴롭히나. → 울컥증 분해사고 : 이 사람도 뭔가 알아주기를 바라는 것이 있구나.

　　울컥증과 기미의 관계처럼 몸과 마음은 항상 연동한다. 멜라닌은 작을 때에는 없앨 수 있지만 스크럼을 짜면 없애기 어렵다. 이것은 감정에도 해당된다. 너무 커져버린 감정은 좀처럼 몸 밖으로 내보내기 어렵다.

본서에서는 마음과 몸의 관계, 감정이 얼마나 몸에 영향을 주고 있는가를 풍부한 사례를 통해 설명한다.

5개의 파트로 나누어서 '화와 초조', '망설임과 불안', '슬픔과 외로움', '우울과 무기력감', '공포와 두려움'이라는 현대인이 흔히 고민하는 대표적인 감정 대처법과 분해 방법을 제안한다.

감정의 메커니즘을 이해하고 몸에 영향을 주는 패턴을 알면 몸에서 '감정의 독'을 없앨 수 있는 방법도 찾을 수 있다. 불필요한 감정은 버리고 필요한 감정은 정리 정돈함으로써 본래의 깨끗하고 상쾌하고 자유로운 몸을 되찾기 바란다.

contents

제1장

화와
초조함을
정리한다

간장

간장은 몸 안에서 가장 큰 장기이다. 간장에는 동맥과 정맥 외에도 문맥(門脈)이라는 특수한 혈관이 있어서 위장과 비장, 췌장과 같은 복부 내의 주요 장기로부터의 혈액은 심장으로 돌아가기 전에 문맥을 통해서 간장으로 보내진다.

간장의 주요 기능은 '영양분 저장과 가공', '알코올이나 식품 첨가물, 약 등을 분해해서 무독하게 만드는 해독', '담즙 생성', 이렇게 세 가지이다. 그 외에도 500개 이상의 기능을 맡고 있는 큰 화학공장으로 인내심 있게 묵묵히 일하고 믿음직스러운 장기이다.

화(怒), 이 감정을 정리할 수 있다면 얼마나 인생이 편안해질까.

오해의 소지가 있기는 하지만 화는 '필요한' 감정이라고 할 수 있다. 자신의 옳음과 몸의 리듬을 지키기 위해 초조함이나 화가 있는 것이다.

단, 대부분은 '부적절한 화'인데 문제는 바로 이 '부적절한 화'이다. 이는 사람의 몸 안에서 불완전 연소를 일으킨다.

그럼 자신의 화가 부적절한 화인지 특징을 체크해보자.

부적절한 화의 첫 번째 특징은 '대상이 어긋난 것'이다.

그 사람에게 원인은 없는데 화를 낼 수 있는 상대에게 화를 낸다.

예를 들어 회사에서 안 좋은 일이 있었던 남편이 아내에게 역정을 내거나, 초조한 어머니가 아이에게 심하게 대하는 일이 있다. 누군가의 사소한 초조함이 조금씩 대상을 달리하면서 화를 내는 것이다. 자신의 의견이나 생각을 말해야 할 상대에게 분명하게 말하지 못하고 자칫 엉뚱한 상대에게 감정을 해소하려고 하는 것이다.

두 번째 특징은 '왜?, 어째서?'라는 말이다.

"왜, 그런 말을 하지?"

"어째서 알아주지 않는 거지?"

화라고 하는 것은 항상 이차적인 감정이다. 그 아래에는 외로움, 슬픔, 도와주기를 바라고 이해해주기를 바라고 사랑받기를 원하는 것과 같은 바람이 감춰져 있다. 화는 그것들의 뚜껑일 뿐이다.

그렇다. 화의 정체는 '알아주기를 바라는 마음'이다.

'알아주기를 바라기' 때문에 화를 내는데 상대는 그럴수록 더욱 알 수 없게 된다.

'무엇을 알아주기를 바라는가?'에 주의를 기울이지 않고 낸 화, 이것이 '부적절한 화'로써 몸에 남는 것이다.

화는 말하자면 몰이해의 대립이다.

알아주지 않으니 나도 알고 싶지 않다.

알아주기를 바라지만 상대가 자신의 마음을 아는 것을 참을 수 없다.

이 복잡한 마음의 갈등이 한계를 넘으면 이해의 장기인 간장에 영향이 나타난다.

간장이 약해지면 나타나는 자각증세	
근육이 실룩거린다	변이 잘 나오지 않는다
발에 경련이 난다, 쥐가 난다	변비와 설사가 번갈아 생긴다
손발이 저린다	치질(울혈성)
손톱이 물러진다, 이중 손톱	빈혈
눈의 충혈, 안정피로	무월경 · 희소월경
눈이 쉽게 피로하고 흐려진다	월경 주기 불안정
눈이 건조하게 느껴진다	잠이 얕고 꿈을 꾼다
눈이 부셔서 눈을 감고 싶다	목에 이물감
이를 간다	관자놀이가 아프다
치은염	요통

널리 알려진 대로 간장의 중요한 역할은 해독이다. ‘독을 이해한다.’고 해서 해독이다. 간장은 들어오는 것을 잘 관찰해서 상대가 무엇인지 잘 이해하고 자신에게 필요한 것인지 아닌지를 식별한다. 화는 이 ‘상대를 이해한다.’라는 간장의 작업을 가장 방해하는 감정이다.

화의 정체는 실은 간장의 피로이기도 한다.

화가 나면 ‘피가 머리꼭대기로 치솟는다.’라고 말하는 것처럼 혈액이 위로 올라가서 간장에 충분한 혈액이 공급되지 않는다.

가만히 있어도 피가 머리로 올라오는데 화의 원인을 ‘머리로 생각하는’ 것은 역효과이다. 그런 때는 일단 머리에서 화를 꺼내야 한다.

화에 대한 최상의 대처법은 ‘바로 자는 것’이다. 수면을 충분히 취하면 간장에 충분한 영양이 보급된다. 그러면 누구에게, 무엇으로 화를 내고 자신이 어떻게 이해해주기를 바라는지 관찰할 여유가 생긴다.

화를 억누르고 있는 사람의 표정에는 흔히 ‘절대’나 ‘반드시’가 나타난다.

그것은 '나의 옳음'을 증명하고픈 욕구이다. 분명 화는 자신의 '옳음'을 지켜준다.

그러나 '옳음과 행복이 반드시 양립하지는 않는다.'는 사실도 자각해야 한다. 옳다고 해서 반드시 행복해지는 것은 아니다.

몸에게 옳음만을 주장하는 습관보다 행복을 선택하는 습관이 훨씬 건강하다.

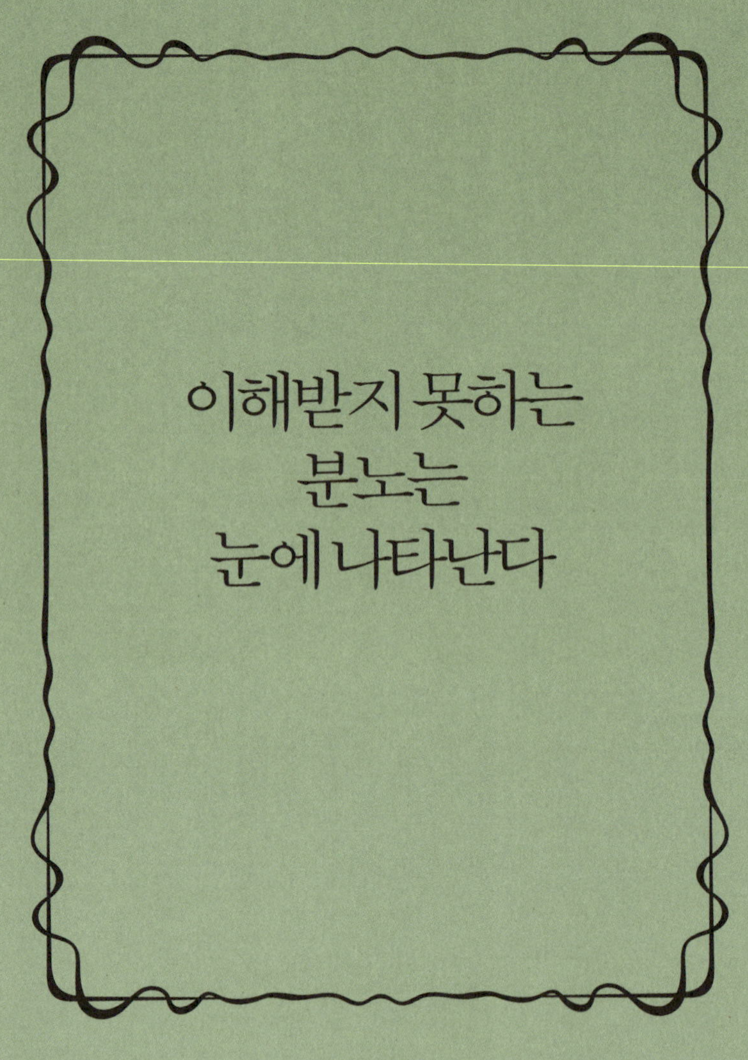
이해받지 못하는
분노는
눈에 나타난다

눈은 대단히 정밀한 기관이다.

그런 만큼 피곤이나 충혈, 건조 등 다양한 증상이 나타나기 쉬운 부위이다. 흔히 눈의 증상은 '노력파'에게 나타나는 경우가 많다. 결막염, 안정피로, 안압이 올라가는 녹내장 등도 그렇다.

눈꺼풀이 실룩거리거나 무겁게 내려온 듯한 증상도 마찬가지이다. 이런 증상이 눈에 나타나는 사람은 대단한 노력파인데 그런 괴로움을 그다지 겉으로 드러내지 않는다.

'이 정도는 아무것도 아니다.'

'내 능력은 이것보다 훨씬 더 높다.'

이렇게 자신을 가장하고 주위를 관찰한다. 자신이 항상 열심히 하는 만큼 게으름을 피우거나 투정을 부리거나 불평불만만 늘어놓는 사람을 보면 왠지 화가 난다.

처음에는 '그 정도 가지고 뭘.'이라고 생각하지만 점점 '초조'해져서 마지막에는 '뭐 하는 거야!'라고 흥분해서 울컥하게 된다.

눈꺼풀의 경련은 눈의 덮개가 부글부글 끓고 있는 이미지이다.

하지만 평소 우리들은 눈꺼풀이 경련하는 정도로는 별로 심각하게 여기지 않는다. '좀 피곤한가.' 하고 생각하면서 휴식을 취하면 이내 나을 것이라고 생각한다. 그런데 경련이 계속되면 점점 불안해진다. 그리고 안검하수(眼瞼下垂: 눈꺼풀 처짐)까지 이르면 큰 병의 증상이 아닌가 하고 의심해 볼 필요가 있다. 이것은 의사가 잘 알고 있으니 그냥 넘어가지 말고 꼭 검진을 받는 것이 좋다.

그런데 검진을 받았는데 병이 아니라는 진단을 받았을 때에는 '마음'이 몸의 증상으로 나타난 것이라고 생각할 수 있다.

눈꺼풀이 처지는, 즉 '덮개가 눈을 덮는' 증상이 나타내는 잠재의식은 오른쪽 눈과 왼쪽 눈이 다르다. 오른쪽 눈은 사회성을 막고, 왼쪽 눈은 여성성을 방어한다.

눈을 덮개로 덮는 것은 '보고 싶지 않은 것을 보지 않는' 심리의 표현이라고 생각하기 쉽지만 오히려 '자신의 약함을 보여주고 싶지 않은' 마음이 작용하는 경우가 많다.

오른쪽 눈 : 자신이 연기하고 있는 쿨함을 잃고 싶지 않다. 남들에
게 이렇게 노력하고 있는 자신의 간절함을 들키고 싶
지 않다.

왼쪽 눈 : 마음의 동요를 들키고 싶지 않다. 내가 여자라는 것을
상대가 의식하게 하고 싶지 않다.

그리고 자신의 약함을 들키고 싶지 않기 때문에 일이 생각대로 진
행되지 않으면 '나는 옳다.', '게으름을 피우는 쪽이 나쁘다.'라고 주
위 사람에게 화를 내게 되는 것이다.

눈은 입만큼 많은 것을 말한다고 한다. 눈가가 실룩거리거나 눈꺼
풀이 처진 만큼 많은 말을 하는 것은 없다. 강해보이는 사람, 다른 사
람에게 의지하거나 상담에 잘 응해주는 견실한 사람일수록 그 마음
속은 복잡하다.

무시당하고 싶지 않아서 열심히 노력하고, 다른 사람보다 몇 배나
신경을 더 쓰고 더 많이 일하지만 문득 왠지 자기만 손해를 보고 있
는 것 같은 기분이 든다.

이미 굳어져 버린 주위의 자신에 대한 이미지와 약한 자신의 중간
에서 괴로워하는 그 마음이 눈에 나타나는 것이다. 이때 강한 척하면

눈꺼풀이 더 실룩거리게 된다. 눈이 사인을 보내고 있다는 걸 깨달으면 자신의 마음 소리에 ‘OK’ 사인을 내려야 한다.

자신의 약함을 인정할 수 있는 사람, 그런 사람이 정말로 강한 사람이다.

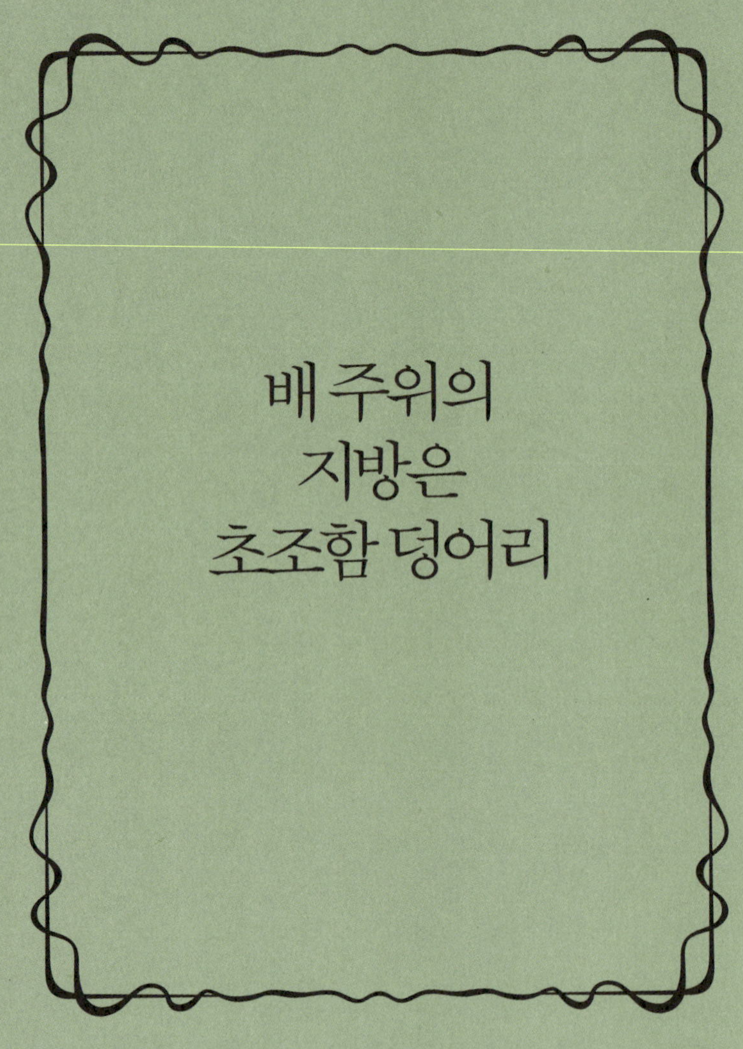
배 주위의
지방은
초조함 덩어리

배 주위에 생긴 지방을 없애고 싶을 때, 어떻게 하는가?

식단을 조절하는가 아니면 운동을 하는가? 혹은 다이어트?

다 해봤는데 지방이 없어지지 않았다는 고민을 자주 듣는다.

배의 지방은 다이어트나 메타볼릭신드롬 예방에서 악역처럼 여겨지지만 지방이 생기는 데에는 분명한 이유가 있다. 그 점을 이해하지 않으면 아무리 열심히 복근 운동을 해도 효과가 나타나지 않는 경우가 많다.

배를 건강하게 들어가게 하는 방법은 바로 '대담'해져야 한다. 이해가 되지 않을 것이다. 그럼 몸과의 관계로 설명을 해보자.

'대담'이라는 말에는 몸에 있는 장기가 포함되어 있다.

그것은 '쓸개(膽)', 즉 '담낭(膽囊)'이다. 담낭은 간장의 바로 아래에 있는 기관으로 쓸개즙을 분비하는데 이 쓸개즙이 바로 섭취한 지방을 분해하는 소화액이다. 지방분은 위에 들어간 후 담낭의 쓸개즙을 만나서 잘게 분해된다. 즉, 쓸개즙 분비가 나쁜 사람은 지방을 분해하기 어렵다.

그런데 태어날 때부터 담낭이 작은 사람이 있다. '대담'의 반대말은 '소담(小膽)'이다. 담낭이 작은 사람은 쓸개즙이 적기 때문에 지방이 쌓이기 쉽다.

'8체질'이라는 연구를 하는 한국의 한 연구자에 의하면 담낭이 작은 사람은 대장이 굵고 커지는 경우가 많고, 그만큼 수분을 흡수하는 능력도 커진다고 한다. 체질에 따라 다르겠지만 수분을 필요 이상으로 흡수하면 배에 냉(冷)이 생긴다.

지방조직은 어떤 의미에서 장기를 냉으로부터 보호하는 모포 같은 역할도 하고 있기 때문에 지방이 잘 생기는 사람은 몸이 차가워졌다는 증거라고도 할 수 있다. 배 주위의 지방은 냉으로부터 배 안의 장기를 보호하려고 하는 것이다.

참고로 지방이 신경 쓰이는 부위 중에 상박(위팔) 부분이 있는데 목덜미부터 팔에 이르기까지는 열을 방출하는 역할도 한다. 추우면 목을 움츠리는 것은 열을 잃는 것을 방지하려는 행동이다. 몸에 냉이 있는 사람은 열을 잃지 않으려고 팔 등에 지방을 만들어서 열의 방출을 방지하는 것이다.

본래 '대담'이라는 말은 담력이 크다는 의미이다. 즉, 결단력과 인내력이 있고 다른 사람과 다른 발상을 가지고 있으며 자신의 의견을 분명하게 말할 수 있는 사람을 말한다.

반대로 '소담'한 사람은 항상 누군가 이상하게 생각하지 않을까, 무슨 말을 듣지나 않을까 하고 조마조마하다. 주위의 시선에서 벗어나고 싶다, 상처받고 싶지 않다고 생각한다.

예를 들어 직장에서 항상 초조해하고 부하에게 잔소리를 많이 하고 화를 내는 사람, 젊은 사람에게 일을 맡기는 편이 좋다는 것을 알고 있지만 나쁜 점만 눈에 띄어서 지레 잔소리를 하는 사람, 이런 유형의 사람은 얼핏 강해보이지만 실은 '실패'를 두려워하고 있다. 소심함이 다른 사람에 대한 화를 만들고 있는 것이다.

마음이 그렇게 생각하고 있으면 몸도 자신의 몸을 지키기 위해 필요 이상의 수분을 흡수하고 지방을 축적한다. 평소의 심리가 몸에도 나타나는 것이다.

배에는 소장, 대장 등의 소화기 계통의 중요한 장기와 여자인 경우에는 자궁과 난소와 같이 아주 중요한 기관이 있기 때문에 그것을 지키기 위해 그 주위에 지방이 생긴다. 즉, 배의 지방에는 '무언가를 보호하고 싶다.'라는 심리가 나타나고 있는 것이다.

‘보호’는 중요하지만 그것이 지나치면 여분의 지방으로 쌓이게 된다는 사실을 기억해야 한다. 날씬한 배를 원한다면 오픈 마인드로 때로는 의식적으로 대담하게 행동하면 지방과 함께 초조함과도 헤어질 수 있을 것이다.

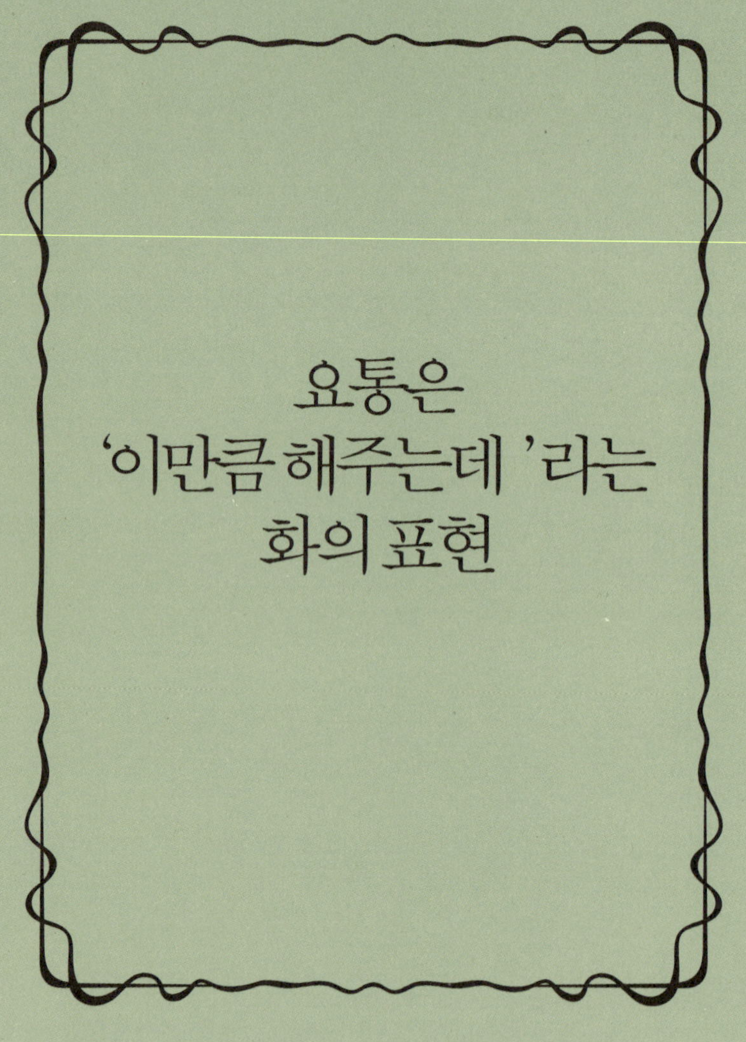

요통은
'이만큼 해주는데'라는
화의 표현

몸에 나타나는 자각증상에서 가장 많은 증상이 요통이라고 한다.

추간판(椎間板) 탈장(디스크)이나 삐끗해서 생기는 요통 등은 한 번 생기면 습관이 되어서 오랫동안 고통을 받는다.

요통을 가지고 있는 사람의 공통점은 화를 잘 내고 안절부절못하고 급하고 초조해하는 등 화 계통의 스트레스가 있다. 좀 더 자세히 말하면 '이만큼 해주는데 한 번도 고맙다는 말도 하지 않는다는 초조함이 축적된 화'이다.

요통이 있는 사람 중에는 성실한 사람이 많고 또 어딘지 어린아이 같은 면도 있다. 이런 사람은 진지하게 열심히 누군가를 위해 노력한다. 하지만 사실은 그 사람에게 평가를 받고 싶고 칭찬을 받고 싶은 마음이 있다는 것을 깨닫지 못한다.

그리고 어느 순간 문득 생각한다.

'뭐야? 이만큼 해주는데 당연하다고 생각하는 게 아닐까?'

'그 사람한테 고맙다는 말을 들은 적이 없네.'

이것이 요통이 가르쳐주는 마음의 메시지이다.

요통에 대해 한 가지 크게 오해하고 있는 점이 있다.

허리에 통증을 느꼈을 때, 대체로 '아, 허리뼈를 다쳤다.'라고 생각하기 쉬운데 더 주의를 할 것은 뼈가 아니라 그 주변의 '근육'이다. 왜냐 하면 뼈의 어긋남은 허리 주위의, 근육의 수축 이상으로 생기기 때문이다.

요통은 몸의 좌우 근육의 사용 방법이 불균형하기 때문에 생긴다. 만약 오른쪽이나 왼쪽, 한쪽만으로 무거운 짐을 들고 꽤 오랫동안 걸었다고 하자. 몸이 '편중'된 상태로 급한 경사를 만나면 뒤꿈치에 체중이 쏠린 순간, 곧바로 요통이 생긴다.

또 근육에는 급한 일을 하기 위한 폭발적인 힘이 내재해 있다. 그런데 그 힘을 과신하는 사람은 요통에 걸리기 쉽다.

'결국 나밖에 없다. 나는 할 수 있다.'

'나는 막상 위급한 일이 닥치면 힘을 발휘할 수 있다!'

이런 믿음 때문에 스스로를 궁지에 몰아넣거나 궁지에 빠졌을 때, 앞으로 나서고 싶어 하는 것이 요통을 가진 사람의 공통점이자 마음의 패턴이다.

일본의 스모 기술 중에 '우차리'라는 것이 있다. 씨름판 가장자리로 밀린 선수가 힘으로 밀어붙이는 상대를 들어 올려서 밖으로 내던지는 대역전극이다. 잘만 하면 극적인 승리를 거둔다.

하지만 이 기술은 일단 상대를 들어 올려야 하기 때문에 허리에 극심한 부담이 가해진다. 자칫 타이밍을 놓치면 허리가 부러지고 만다. 밀어붙이는 상대 밑에 깔려서 더 비참한 패배를 당하고 허리도 대단히 위험할 수밖에 없다.

동양의학에서 근육은 간장과 깊은 관계가 있다고 하는데 '간'에 쌓이기 쉽다고 알려진 감정이 바로 '화'와 '초조함'이다.

간장은 전신에 포도당을 공급하는데 그것은 근육뿐 아니라 뇌의 에너지 원천이기도 한다. 쉽게 초조해지는 사람, 지나치게 생각이 많은 사람은 포도당이 뇌로 쏠려버려서 목보다 아래에 있는 커다란 '근육'에 대한 공급이 부족해진다.

초조함과 화를 잘 내는 것은 목 아래쪽 몸에 에너지가 돌고 있지 않는다는 사인이다.

허리가 무겁다고 느껴지면 양손과 양발에 '주먹·보자기 운동'을 해보자.

손가락을 꼭 쥐고 여섯까지 헤아린 다음 힘껏 활짝 편다. 이것을 몇 번 반복한다. 발만 해도 좋지만 가능하면 손과 발을 동시에 해야 한다.

몸의 좌우 근육에 균형 있게 힘을 주도록 의식하는 것이 포인트이다. 몸에 에너지가 차고 허리가 안정되면 사로잡혀 있던 화의 감정과 냉정하게 대면할 수 있다.

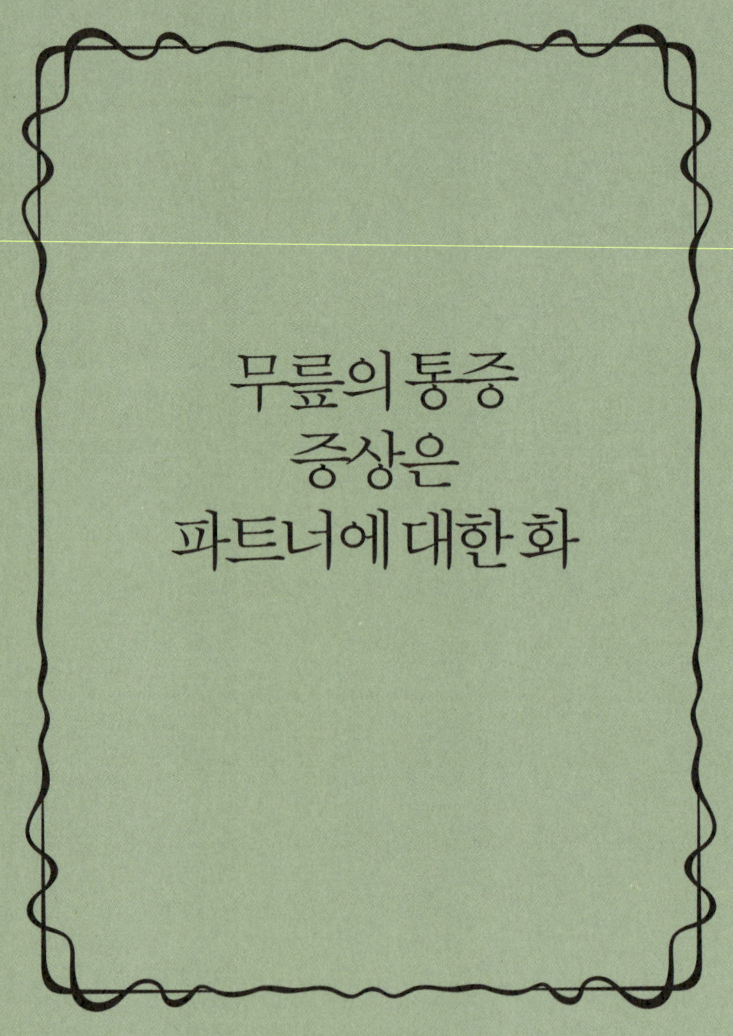

무릎의 통증
증상은
파트너에 대한 화

무릎은 부담이 가기 쉬운 부위이다.

오자다리에 신경을 쓰는 사람도 많은데 본래 아기는 오자다리이다. 사람은 모두 오자로 태어난다. 성장함에 따라 점점 X자 다리가 되고 초등학교 고학년 무렵까지 일자다리가 된다.

그리고 나이를 먹어감에 따라 무릎에 계속해서 쌓인 부담은 통증으로 나타나는데 실은 무릎의 증상은 파트너에 대한 화로부터 생기는 경우가 많다. 의아하게 생각할 테니 이에 대해 설명을 하겠다.

무릎의 고민은 대부분 무릎 자체에 대한 것이 아니라 '발목'과 '고관절'의 사용 방법에서 온다. 그리고 발목에는 '완고함', 고관절(股關節)에는 '미숙함'이 있다.

제3장의 '울고 싶은 마음을 참으면 감기에 걸리기 싶다' 장에도 나오듯 발목에는 '미의식'과 '의식' 등의 마음도 내재되어 있는데 이것들은 '완고함'이 좋은 방향으로 나타나는 경우의 측면이라고 생각할

수 있다. 즉 발목에는 사람이 나이를 먹으면서 쌓인 것들이 반영되고 있는 것이다.

반대로 고관절에는 아기나 유아기의 마음이 작용한다. 그리고 발목과 고관절 사이에 있는 무릎에는 어른과 유아기 사이, 즉 사춘기 마음이 나타난다.

사춘기에는 이성에 관심을 갖게 되고 실연 등을 경험하는 시기이다. 괜히 어른 흉내를 내거나 반대로 이성에게 어리광을 부리거나 하는 사람도 있다. 그것이 나중에 부부관계나 파트너와의 관계에 영향을 미치고 그 마음이 무릎에 나타난다.

오른쪽 무릎에는 '나는 옳다!'라고 하는 파트너에 대한 완고함이, 왼쪽 무릎에는 '나를 이해하지 못한다.'라고 하는 파트너에 대한 화가 각각 쌓이기 쉽다.

이것을 풀기 위해서는 무릎의 핸드 힐링(Hand Healing)을 권한다.

왼손을 오른쪽 무릎에 오른손은 왼쪽 무릎에 무릎을 감싸듯 올린다. 이때, 오른손이 위로 오게 한다. 손으로 무릎을 따뜻하게 하는 기분으로 10초 정도 천천히 빙글빙글 돌리듯 마사지를 하면 좋다.

10초가 지나면 이번에는 왼손이 위에 오도록 팔을 다시 바꾸고 다시 10초 동안 반복한다. 무릎의 긴장은 아주 작은 좌우의 언밸런스에 의해 통증으로 나타난다. 정성을 들여 쌓인 완고함을 제거해야 한다.

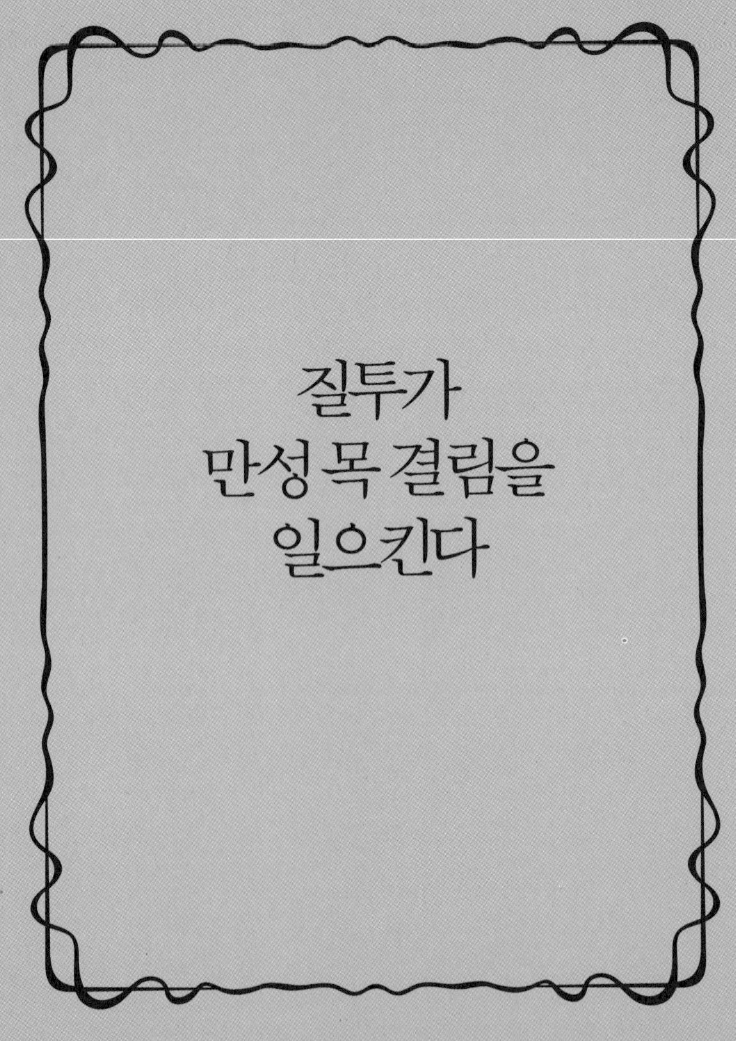

질투가
만성 목 결림을
일으킨다

만성적인 목 결림에 괴로워하는 사람이 많다.

심해지면 두통 증상으로 이어진다. 마사지를 하고 부황을 뜨면 일시적으로 해소되지만 다시 반복된다.

목 주위에는 많은 마음이 교차하고 있다. 압박감, 스트레스, 걱정, 불안, 질투 등이다. 따라서 목에는 다양한 '마음의 고민'이 나타나기 쉽다.

목은 머리와 몸이 교차하는 장소로 머리의 리듬과 몸의 리듬이 머리 부분에서 조정되고 있다.

8자의 커다란 기의 흐름을 이미지화해보자. 위의 원은 머리를, 아래 원은 배 부분까지 감싸는 크기이다.

8자는 바로 목 부분에서 교차한다. 대체로 위와 아래의 비율이 1 대 2 정도의 원을 이미지화하자. 다음으로 8자의 위를 기의 흐름이 돌고 있다고 상정하자. 빙글빙글 도는 흐름을 이미지화한다.

이제 머리 쪽 원을 점점 크게 해보자. 머리에 기를 거침없이 불어 넣는 이미지이다. 그렇게 머리에 기를 불어넣으면 점점 목 부근에 무거운 느낌이 들 것이다.

점점 기가 위쪽으로 향하면 목에 부담이 가해진다. 평소에 그다지 몸을 움직이지 않고 머리를 사용하는 경우가 많은 사람이라면 실제로 머리의 무게가 그대로 목에 가해지는 것처럼 느껴질 것이다.

동양의학에서는 '기(氣)', '피(血)', '물(水)'이라고 하는 세 개의 순환하는 것을 상정하고 있는데 '기'가 움직이면 '피'와 '물'도 그에 이끌려 같은 방향으로 움직인다. '기'가 머리 쪽으로만 가면 혈액도 머리로 모인다. 머리에 피가 지나치게 쏠리는 것도 위험하고 몸에 필요한 혈액까지 머리 쪽으로 가려고 하기 때문에 몸은 목 부분에서 혈액의 흐름을 막으려고 한다. 그것이 목 결림이 된다. 실제로 몸은 경동맥 부분에 미소한 혈전을 만들기도 한다.

특히 다른 사람과의 경쟁과 그에 의한 초조함, 다른 사람의 평가에 신경을 쓰는 것, 질투, 압박감 등의 감정은 '기'를 올라가게 한다. 이런 '기'는 순환하는 흐름이 아니기 때문에 몸 쪽이 희박해진다. 그렇게 되면 혈액과 수분도 목 부근에서 정체하게 되고 몸에 돌지 않게 된다.

책상 앞에서 일을 많이 하면 무의식중에 양쪽 어깨가 올라간다. 이것이 습관이 되면 걸을 때에도 어깨가 올라간 상태가 된다. 즉, 항상 '기'가 올라간 상태가 되는 것이다.

의식적으로 팔을 축 내리고 '기'의 흐름을 아래로 향하게 이미지화하자. 8자 아래의 원을 크게 만드는 이미지이다. 목에 정체되어 있던 질투나 압박감도 아래로 흘러갈 것이다.

매일 이렇게 의식적인 반복을 하면 목 결림이 개선될 것이다.

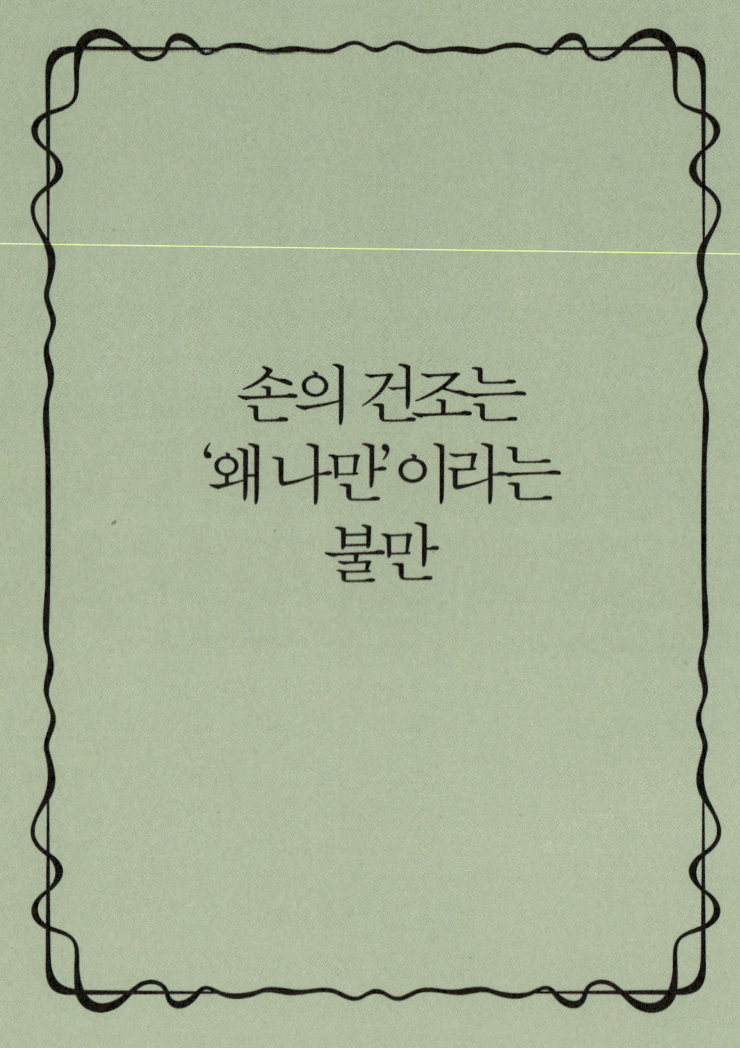
손의 건조는
'왜 나만'이라는
불만

거친 손과 손의 건조에는 핸드크림이나 전용 장갑과 같은 다양한 용품이 있다. 그만큼 거친 손 때문에 고통을 받는 사람이 많다는 의미이지만 주목할 점은 '케어를 위한 시간대'이다.

실은 손끝 케어에 최적의 시간대는 오후 7시부터 9시이다.

"그 시간에 느긋하게 케어하는 것은 무리다!"라고 말하는 여성들이 많을 듯하다.

저녁 준비와 설거지 등 주부가 가장 손을 많이 사용하는 시간대이다. 그래서 손이 더 거칠어지기 쉽다고 할 수 있는데 거친 손의 잠재적인 욕구는 '모두 좀 도와줘!'이다. 가사를 하는 주부는 가족이 소파에서 쉬거나 누워서 TV를 보는 것을 어쩔 수 없다고 생각하면서도 '왜 나만.'이라는 생각이 든다.

하지만 거친 손은 가사를 하는 여성만의 고민이라고 생각하면 안 된다. 더 이상 남자와 여자는 이래야 한다는 생각은 통용되지 않는 시대이다. 게다가 요즈음은 남편이 '전업주부'가 되어서 가사를 담당하는 가정도 있다.

거친 손의 최초의 원인은 '손의 건조'이다.

건조는 기온이 떨어지는 겨울에 많이 생기는데 사실은 차갑기만 해서는 건조해지지 않는다. 냉증을 해소하기 위해 손끝에 혈액이 모인다. 건조는 손에 열이 모이는 것이 원인이다. 열이 있으면 손의 표피가 건조하고 피부가 갈라지기 쉽다. 거기에서 손에 염증이 생기거나 거칠어진다.

손끝은 외부 온도에 민감하다. 금방 따뜻해졌다가도 금방 다시 차가워진다. 그에 맞춰서 몸의 안쪽에서도 따뜻한 혈액이 필요하구나, 온도를 내려야겠구나 하고 조정을 한다. 이 조정이 뒤틀리면 건조해지기 쉬워지는 것이다.

팔이나 손, 상반신의 체온 조절에는 동양의학에서 말하는 '심포경(心包經)'이라고 하는 기의 흐름이 관여하고 있다. 심포경은 하루의 혈액순환을 조정하는 역할을 한다. 동양의학의 장기(臟器) 시계를 참고로 몸의 시간대를 보면 이 심포경의 시간이 오후 7시부터 9시 사이이다.

하루의 혈액순환의 업다운, 더 자세히 말하면 체온의 업다운을 매일 이 시간대에 조정한다. 참고로 오후 9시부터 11시는 림프 환경의 조정 시간이다. 발이나 하반신의 미세조정은 주로 이 시간대에 이루어진다. 따라서 손끝 케어는 오후 7시부터 9시 사이에 하는 것이 좋은데 주부는 가족과 가사를 위한 시간대여서 그렇게 간단하게 손을 쉴 수 없다.

그래서 신경을 써야 할 것이 '온도 차'이다.

설거지를 할 때, 냉수와 온수의 온도 차.
미용사가 드라이를 사용할 때 손에 가해지는 온도 차.
빨래를 갤 때의 미묘한 정전기에 의한 온도 차.

이는 모두 손이 거칠어지는 원인이다.

특히 가을부터 겨울에 거쳐 바깥 기온과 실내의 온도 차도 심해진다. 단 외부의 온도 차나 가사를 하고 있을 때에 온도 차가 생겨도 반드시 손이 거칠어지는 것은 아니다. 그 차이는 몸의 온도조절에 영향을 주는 마음에 있다.

'마음의 온도 차', 즉 '뜨거워지기 쉽고 차가워지기 쉬운' 마음이다.

하루 중, 오늘은 이것을 하자, 아니다 이걸 하자, 이게 더 재미있을 것 같다……. 이런 감정과 마음의 업다운은 실제로 열의 이동을 동반한다. 기온 차가 심한 계절에 내부로부터 마음의 혼란이 있으면 몸은 끝 쪽인 손발부터 온도 이동의 조절이 더 어긋나게 되는 것이다.

오후 7시부터 9시는 하루의 감정의 기복과 그에 동반되는 열의 이동을 조정하는 시간이다. 따라서 이 시간에 온수나 냉수에 의한 온도 차가 가해지면 몸도 어떻게 하면 좋을지 알 수 없게 되어서 열이 모이기 쉬워지거나 건조해져버린다.

오후 7시부터 9시가 가족을 위한 시간인 주부에게는 저녁까지가 자신만의 시간대이다. 이걸 하자, 저걸 하자 하고 이런저런 계획을 세우지만 하지 못하는 경우도 있다. 그런 상태인 채로 오후 7시가 되면 '왜 나만.'이라는 감정이 한층 강해진다.

그래서 거친 손의 예방책은 먼저 하루 중의 마음의 온도 차가 너무 생기지 않도록 아침에 오늘 할 일을 결정하고, 오후 7시부터 9시까지의 시간은 손을 혹사하지 않도록 미리 노력을 해야 한다.

물론 저녁때 가사를 도와달라고 가족에게 말하는 방법도 있다. 하지만 화를 내면서 불평을 하면 가정불화가 생길 수도 있다. 요구를 하는 것이 아니라 '도와주면 너무 기쁠 텐데.'라는 그런 마음을 잘 전달해야 한다.

특히 '오늘은 이것만 하자.'라는 마음가짐이 효과적이다. 이것을 '의식화'하면 '왜 나만'이라는 불만스러운 마음에서 조금씩 해방될 수 있다.

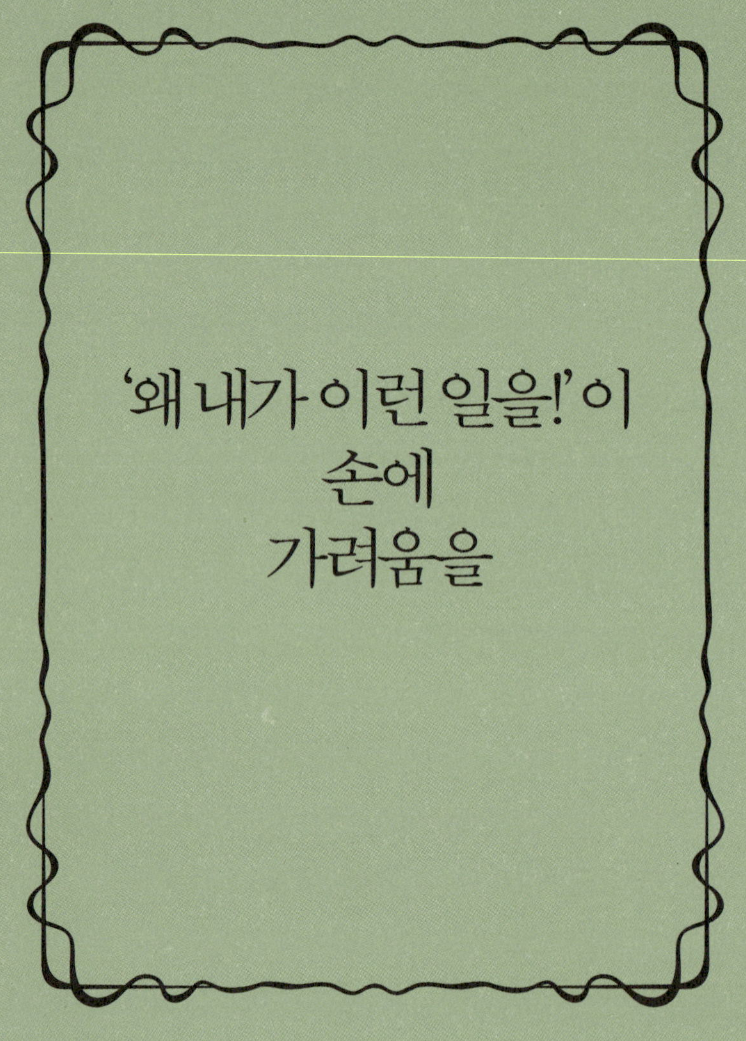
‘왜 내가 이런 일을!’이
손에
가려움을

손이 거칠어지는 이유는 앞에서 설명한 손의 건조 외에도 다양한 증상이 있다.

따끔따끔하는 통증이나 참을 수 없이 가려움을 호소하는 사람들도 많고, 피부가 트거나 습진으로 고통을 받는 사람도 많다.

이렇게 손이 거칠어지는 이유의 정체는 실은 '내가 이런 취급을 받다니.'라는 마음의 표현이다. 직장에서 그렇게 말하면 주위의 눈총을 받을 것이다. 하지만 정작 본인은 '이런 시시한 일…….'이라고 생각한다.

거친 손은 자신이 자라온 환경에서 자립하려고 하는 심리의 표현이기도 한다. 과잉보호까지는 아니더라도 아무런 구속 없이 자라온 사람이 사회에 나가면 아무것도 할 수 없는 자신에게 충격을 받거나 수많은 사람들 중 한 사람에 지나지 않는 취급을 당해서 주눅이 드는 경우가 있다. 처음으로 경험하는 그런 시련이 손이 거칠어지는 증상으로 나타나는 것이다.

손이 거칠어지는 마음을 따라가면 목에 다다른다. 이야기가 잠깐 본론과 멀어지지만 목뼈, '경추'에 대해서 살펴보자.

머리를 지탱하는 뼈인 경추는 7개의 뼈로 이뤄져 있는데 신경이 그 사이를 지나가고 있고 그것이 앞뒤에 8개씩 있다. 이 신경의 앞쪽 네 번째부터 여덟 번째, 뒤쪽의 다섯 번째부터 여덟 번째까지가 한데 묶여서 팔을 향하고 있는 것이다.

이것을 '완신경총(腕神經叢)'이라고 하는데 그 팔의 신경의 끝인 신경종말(神經終末)은 피부로 나와 있다. 이 신경이 과민해지면 손이 거칠어지는 것이다.

보통은 신경과 피부에 관계가 있다고 생각하지 않는다. 예를 들어 헤르페스(포진)라는 말을 들어본 적이 있을 것이다. 헤르페스 바이러스는 평소에는 신경조직에 숨어 있는데 그것이 활성화하면 피부로 나온다.

다시 본래의 주제인 거친 손으로 돌아오면, 손이 거칠어지는 근원을 따라가면 경추의 이상에 이르게 된다. 경추는 본래 어긋나기 쉬운 곳이다. 그리고 '압박감'이나 '초조함', '억압' 등의 스트레스에 걸리기 쉬운 곳이다.

신경이 과민해졌다는 말은 경추가 이상하리만치 긴장해서 반사가 지나치게 빨라진 상태이다. 따라서 손에 갑자기 습진이 생기는 경우는 만성적인 어긋남이 아니라, 어떤 이유로 갑자기 어긋났다고 생각할 수 있다. 목이나 어깨에 만성적으로 압박이 가해지고 있는 경우는 손이 거칠어지는 것이 아니라 관절통에 걸리거나 경직되기 때문이다.

즉, 그곳에 '처음 겪는 경험'적인 스트레스가 가해지고 있다고 생각할 수 있다. 신입사원 무렵, 커피 심부름이나 전표정리, 선배의 서포터 등 '누구나 할 수 있는' 일을 하는 경우가 많다. 지금까지 애지중지 자라왔는데 '부모님도 그런 시시한 일은 시키지 않았는데!'라고 생각하면 '내가 왜?'라는 반항심이 생긴다. 이것이 목 → 팔 → 손으로 전해져서 '이런 일은 하고 싶지 않다.'라며 손이 거칠어지는 증상으로 이어지는 것이다.

하지만 그것은 절대로 '누군가 시키는' 일이 아니다. 사회에 나간다는 것은 부모가 준 환경에서 벗어나서 책임감을 갖고 선택을 해가는 것이다.

'왜 이 일을 선택했는가.', '이 일은 자신에게 어떤 필요가 있나.' 하고 그 일을 숙고해서 임할 필요가 있다는 사실을 손이 거칠어지는 증상이 가르쳐주는 것이다.

얼핏 '누구나 할 수 있는 일'에도 마음을 다해보자. 그러면 '나밖에 할 수 없는 일'로 변해갈 것이다. 삶의 질이 향상되고 손끝에서 반항하던 불복의 마음이 진정될 것이다.

화나 초조함을 정리하기 위해서는
행동에 신경을 쓴다

간장이 건강한 사람은 처음 보았을 때, 탄력 있는 몸을 하고 있다.

위팔, 넓적다리, 엉덩이, 장딴지 등 느슨한 몸과는 무관한 타입이다. 이지적인 분위기를 풍기고 그곳에 있는 것만으로 존재감이 있고 고고한 분위기를 발산한다.

간장이 건강한 사람의 가장 큰 매력은 그 사람의 행동에 나타난다.

일어서고 걷고 앉고 발을 꼬는 것과 같은 모든 행동에서 고상함과 품위가 느껴진다. 상대에게 무언가를 내밀거나 물건을 놓는 그런 동작 하나하나에도 마음을 담은 인상을 준다.

물론 자란 환경들도 영향을 미치겠지만 그런 것들이 몸에 확실하게 배어 있으면 간장이 건강하다는 증거이다.

'간장이 건강한 것과 아름다운 동작이 무슨 관련이 있지?'라고 생각할지 모른다. 동양의학의 오행사상에서는 간장과 근육의 관계에 대해 이야기하고 있다. 유연하고 강한 근육은 아름다운 동작으로 나타난다. 그리고 근육의 유연함은 간장에서 유래한다.

간장은 해독과 대사를 하는 장기인데 건강한 간장은 몸에 들어온 것을 하나하나 파악해서 이해하는 일을 하고 있다. 해독을 하는 데에도 먼저 그것이 몸에 독인가 아닌가를 판단해야 한다. 간장은 '이해력'의 장기인 것이다.

그래서 간장이 건강한 사람 중에는 '상황을 잘 이해'하는 사람이 많다. 간장이 화라는 스트레스에 약한 이유는 화라는 감정이 간장의 이해력을 방해하기 때문이다. 화를 내면 상대를 잘 파악할 수 없기 때문에 간장은 이런 상태가 가장 곤혹스럽다. 그런 상태가 지속되면 동작이 거칠어진다. 하나하나의 동작에 일종의 '포기'가 동반되는 것이다.

반대로 말하면 동작에 무리가 없다는 것은 간장의 이해력이 원활하게 기능하고 있다는 증거이다. 그런 사람은 의미 없는 동작을 싫어한다. 평소에 일일이 의식하고 있는 것은 아니지만 아름다운 동작이 몸에 배어 있다는 것은 모든 일에 자신만의 신념과 확신을 가지고 임해왔다는 것을 보여주는 것이다.

간장의 건강함을 표현하기 위해서는 평소의 아무렇지 않은 동작에 한번 마음을 담아서 해보자.

예를 들어 젓가락을 집는 동작은 무엇을 위한 동작일까? 당연히 식사를 하기 위한 동작인데 단순히 그것만이 아니다. 단지 먹기만 한다면 손을 사용하는 편이 빠르다.

젓가락을 집는다는 의미는 '한 입 분량을 계산한다.'라는 의미라고 한다. 특히 동양권의 경우는 식재료가 지닌 맛을 충분히 맛보기 위해 한 입을 어느 정도 분량으로 할 것인가가 중요하다.

한 입 분량이라는 의식이 있으면 당연히 젓가락을 집는 동작에도 나타난다. 즉, 그것이 동작의 목적을 이해하고 마음을 담는다는 것이다.

그것이 가능한 사람은 화나 초조한 감정에 휘둘리는 경우가 적다. 동작을 정리함으로써 화나 초조한 마음도 정리한다. '몸으로 마음에 다가가는 노력'을 꼭 실천해보자. 그러면 '서문'에서 말한 것처럼 '화가 난다. → 바로 버린다!'가 몸에 익숙해질 것이다.

장기 시계

하루의 장기 시계에 대해서 알아보자. 몸에는 2시간씩 교대로 그 시간의 주인공이 되는 장기가 있다.

아침 : 05~07시 대장

07~09시 위

09~11시 췌장(비장)

점심 : 11~13시 심장

13~15시 소장

15~17시 방광

저녁 : 17~19시 신장

　밤 :19~21시 혈액순환

21~23시 에너지 축적

심야 : 23~01시 담낭

01~03시 간장

새벽 : 03~05시 폐

아침은 소화관, 정오 전후는 심장, 이것을 알고 있으면 편리하다. 아, 지금은 무리가 가는 시간대이다. 지금 그만하자 하고 자연스럽게 몸이 판단하는 습관이 생기게 된다.

예를 들어, 기미가 신경 쓰이는 사람은 기미가 간장의 피로와 깊은 관계가 있기 때문에 밤 12시 전까지 취침을 하면 좋다. 왜냐 하면 기미는 새벽 1시부터 3시까지가 간장의 시간이라는 것을 알고 있으면 간장이 무리를 하지 않도록 쉬는 것이 좋다고 생각하기 때문이다.

하루 중의 장기의 리듬을 알면 그날 어디에 신경을 쓰고 주의를 해야 하는지도 가늠할 수 있다.

가령, 부종이 걱정되는 사람은 저물녘이 되면 한층 불안해진다. 저녁은 '신장'의 시간이다. 신장이 약한 사람은 두려움이나 불안감 등의 스트레스를 쉽게 느낀다. 동양의학적인 '신장'은 내분비계, 즉 호르몬 밸런스도 범주에 들어가기 때문에 출산 후의 여성에게도 그 증상이 나오는 경우도 있다.

그런 사람은 오후 5시 이후의 시간을 바쁘게 보내지 말고 얼마나 느긋하게 보내는가가 중요하다. 장기 시계를 알고 몸의 리듬을 자신의 편으로 만들자.

제2장

망설임과
불안을
정리한다

위

위는 음식을 처음으로 모으는 장소이다. 위액을 분비해서 음식을 살균하고 음식을 잘게 부셔서 소화·분해한다. 위액은 pH1~2 정도의 강산성이어서 강한 살균력이 있는데 너무 많이 분비되면 위의 점막을 녹여버리는 경우도 있다. 그것을 방지하는 것이 위의 점액이다. 식사를 할 때마다 점막이 재생되어 위를 보호하고 있다. 그럼에도 하룻밤 사이에 궤양이 생기는 경우도 있을 정도로 위는 스트레스에 약하고 섬세한 장기이다.

동양의학에서는 걱정, 근심, 고민, 망설임, 지나친 생각 등을 총칭해서 '사(思)'라고 부른다.

'사(思)'란 '한 가지 일에 사로잡혀서 사고가 반복되는 상태'이다. 뇌 연구의 분야에서는 이 현상은 뇌의 '세로토닌(serotonin) 네트워크'에 전류가 쉽게 흐르게 되는 것에서 생긴다고 한다.

예를 들어 비가 내릴 때, 창문을 보면 빗물이 처음에 타고 내려간 길을 타고 그 후의 빗물들이 차례로 흐른다. 이 빗물의 길과 똑같이 뇌의 회로도 한 번 강하게 전기신호가 지나가면 그 후에도 전기신호가 지나가기 쉬운 길이 생기게 된다. 그리고 계속해서 그 길로만 통과하는 사이에 거기에서 벗어날 수 없게 되는 것이다.

'저 사람이 이렇게 했다.' 누군가 이렇게 말했다.

'대문을 잠갔나?', '가스밸브를 잠갔나?'

이런 일에 사고를 빼앗기는 배경에는 동양의학에서 말하는 '사

(思)’와 연관이 있다.

그리고 생각하면 기(氣)는 경직된다. 기가 막히고 움직이지 않는 것이다. 이런 상태가 지나치면 위, 비장, 췌장, 소화기를 상하게 한다고 한다.

위장이나 비장, 췌장이 약해지면 나타나는 자각증상	
혀를 깨문다	침이 많다
구역질, 구토	충치, 치통
구내염	혈뇨, 혈변
설사(장액성)	월경의 양이 많다
트림	자궁하수(자궁 탈출증)
옆구리가 아프다	월경과다
대하(帶下)	손가락 습진
쉽게 멍이 든다	대상포진
생리통	치질(출혈성)
속이 더부룩하고 위가 아프다	두드러기
과식(소화불량)	여드름(얼굴에서 가슴으로 내려온다)
팔(팔꿈치에서 뒤쪽)에 힘을 줄 수 없다	

어떤 사고에 사로잡혔을 때는 '그것을 생각하지 않으려는 것'은 무리이다. 생각하지 않으려고 할수록 그것에 대해 더 깊이 생각하게 되는 경우가 많다. 그런 때일수록 전혀 다른 회로를 사용해야 한다. 뇌회로의 다른 길로 의식적으로 변환하는 것이다.

음악을 예로 든다면 이것은 걱정 회로와 반대에 있는 회로이다. 또는 향기를 예로 든다면 이것도 걱정 회로의 뇌를 다른 길로 유도해 준다.

본래 뇌 회로에는 무수한 통로가 있다. 평소에 사용하는 뇌 회로에서 일단 옆길로 새는 용기를 내야 한다. 이것이 '걱정·불안의 증폭회로'에 제동을 거는 것이다. 그리고 실제로 평소 생활에서도 매일 출근길이나 통학하는 길 등을 바꿔보자.

걱정이 많은 사람의 말하는 습관을 들어보면 '어떻게 하지.', '하지만.', '그냥.'과 같은 말이 많다. 이런 입버릇이 습관이 되면 막상 결단을 내릴 때, 생각을 너무 오래 해서 결단을 내렸을 때에는 이미 타이밍을 놓친 후이다. '생각(思)'에 사로잡혀 있다고 느끼면 자신의 말을 의식적으로 바꾸려고 해야 한다. "선택지는 얼마든지 있다."라고 말해보는 것이다.

또 걱정하는 버릇이 나올 것 같을 때는 목을 천천히 180도 좌우로
돌리자. 그리고 "내 시야는 이렇게 넓다."라고 큰 소리로 말해보는
것이다.

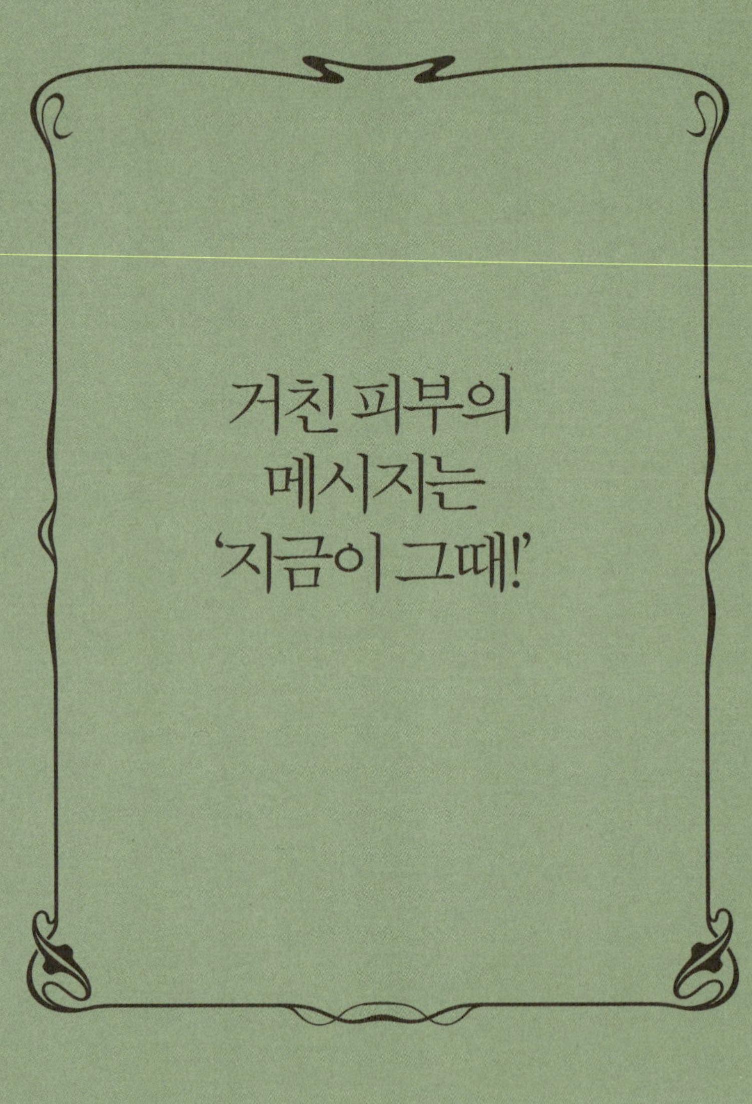
거친 피부의
메시지는
'지금이 그때!'

많은 사람들이 여드름이나 부스럼, 건조 등 피부 트러블을 가지고 있다. 습진이나 아토피성 피부염에 이르게 되면 생활에 지장을 초래하기도 한다. 따라서 작은 붉은 반점이나 좁쌀 같은 두드러기라고 해도 방심은 금물이다.

상처를 입기 쉬운 상태가 된 피부의 마음을 따라가 보면 실은 피부 표면이 아닌 내장의 마음에 다다른다. 피부가 심하게 거칠거나 아토피성 피부염 환자를 많이 만났는데 대부분 위의 기능이 약해진 공통점을 가지고 있었다.

아토피에는 복수의 패턴이 있기 때문에 획일적으로 말할 수 없지만 흔히 음식을 빨리 먹고 과식을 하는 경향이 나타난다. 그것이 왜 피부에 영향을 주는지 살펴보자.

위에서 위산이라는 소화액이 나오는데 위산이 나오기 위해서는 '타이밍'이 중요하다. 보통은 음식을 먹을 때 위산이 분비되지만 스트레스나 생각을 할 때 위산이 나오는 경우도 있다. 반대로 음식이 위에 들어가 있는데 위산이 충분히 나오지 않는 경우도 있다.

혼자서 생각을 하면서 식사를 하거나 시간에 쫓겨 허겁지겁 먹거나 하면 특히 분비 타이밍이 무너지기 쉽다. 위액은 위산이라고 말할 정도로 강산성이어서 장 내는 산성으로 변한다. 그것을 중화하기 위해 위의 아래에서 분비되는 췌액이나 쓸개즙 등의 다른 소화액은 알칼리성을 띤다.

장 내는 pH5~6 정도인 것이 가장 좋은데 위산이 지나치게 많이 나오면 장 안이 산성으로 기울어져버린다. 산(酸)에 노출된 장벽은 상처 입기 쉽고 장 내에 많이 살고 있는 장 내 세균의 균형도 무너지고 가스도 발생하기 쉽다.

몸도 그런 상태가 지속되면 곤란하기 때문에 위와 장의 주위에 있는 림프관을 이용해서 과잉의 산화물을 몸의 말단으로 분산하려고 한다. 장 내에 쌓인 산성 물질을 림프관으로 흘려보내서 몸 밖으로 배출하려고 하는 것이다. 그 림프의 배출구가 있는 것이 피부이다.

피부의 진피라고 불리는 층에는 가는 림프관이 그물코 모양으로 지나가고 있다. 거기에 과잉 산화물이 밀려오면 피부가 상처를 받기 쉬워진다.

반대로 위산이 원활히 나오지 않을 때는 췌액이나 쓸개즙이 많아지고 장 내는 알칼리화된다. 몸은 그것을 싫어하기 때문에 똑같은 패턴으로 말단의 림프에서 알칼리 과잉물을 배출하려고 한다. 중요한 것은 균형이다.

위산의 원활한 분비를 위해서는 음식을 꼭꼭 씹어 먹는 것이 가장 좋다. 누구나 다 아는 사실이지만 침이 잘 나오게 음식을 먹는 것이 제일 중요하다.

최초의 소화관은 입이다. 입에서 침이 잘 분비되면 위나 장이 '아, 음식이 들어온다.'라고 깨닫고 준비를 시작한다. 이것만으로도 아토피 증상이 개선되는 사람도 있다. 여러 가지 생각을 하면서 식사를 하면 그만큼 침의 분비가 나빠진다. 그러면 위나 장도 제대로 준비를 할 수 없다. 몸의 긴장을 풀지 않은 채 하는 식사는 소화액의 분비도 원활하지 않다.

음식이 퍼석퍼석한 상태로 소화관을 통과하는 모습을 상상해보자. 기분이 좋지 않다. 당연히 창자에도 좋지 않기 때문에 림프로 흘려보내는 긴급조치를 취한다. 이것이 반복되면 진피의 림프가 항상 더러워지고 피부도 물렁해지기 쉽다.

위산이 나오는 방법은 아주 중요하다. 분비할 때 분비하고 분비하지 않을 때는 분비하지 말아야 한다. 피부가 심하게 거친 사람은 반드시 행동할 때, 말을 해야 할 타이밍, 행동해야 할 타이밍을 의식해서 생활해야 한다.

위장은 리듬과 타이밍에 민감하다. 후회하거나 지나간 일을 한없이 생각하면 그에 반응해서 소화액이 과잉 분비되기 때문이다.

꼭꼭 씹어서 침이 충분히 나오도록 식사해야 한다.
가능한 한 후회나 지난 일을 생각하면서 식사를 하지 않는다.

자신의 위장과 피부를 돌본다는 생각으로 생활을 해야 한다. '사(思)'에 사로잡혀 타이밍을 놓치지 않도록 하자.

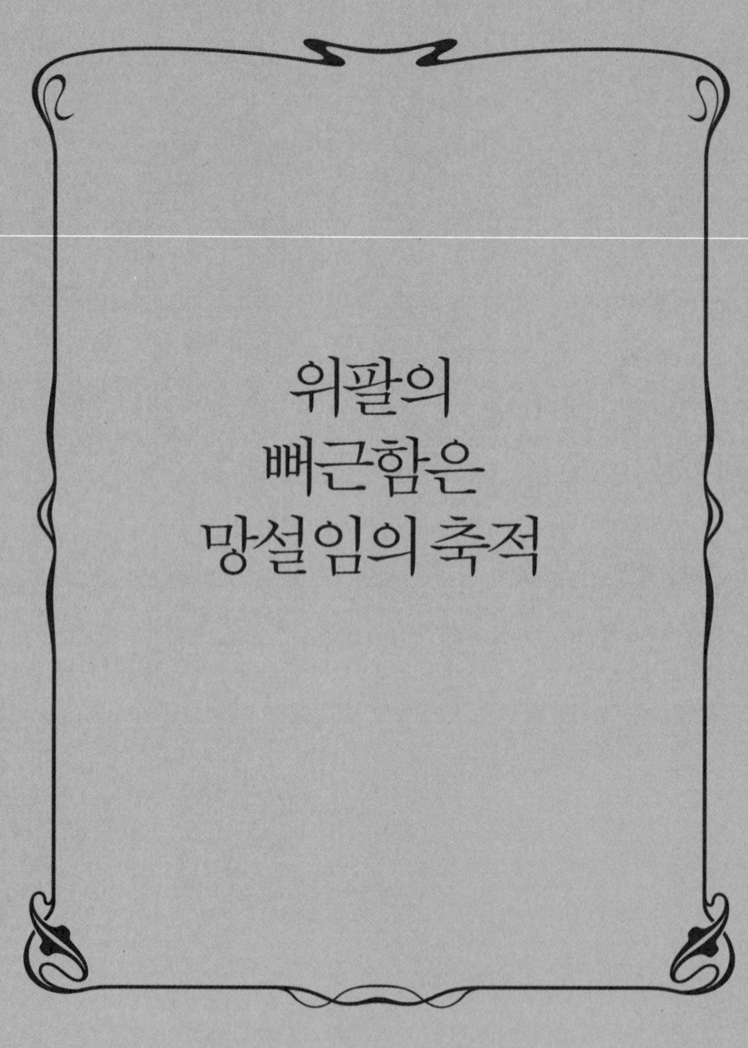
위팔의
뼈근함은
망설임의 축적

위팔의 뻐근함이 걱정되면 잠깐 팔의 안쪽을 만져보자. 차갑게 느껴지는가?

위팔은 냉각장치의 역할을 하고 있다. 다시 말해서 목덜미나 어깨에 쌓인 열을 식혀주는 것이다. 목과 어깨가 막히면 위팔의 온도는 떨어지고 온도가 지나치게 떨어지면 다시 신진대사가 나빠져서 지방이 생기기 쉽다.

위팔 운동을 할 때는 쭉 폈을 때, 팔 안쪽에 힘이 들어가도록 부하를 주면서 팔꿈치를 꺾은 상태로 앞으로 쭉 편다. 팔꿈치를 펴고 어깨에서 손끝까지 일직선이 되도록 하는 것이 포인트이다. 이때 어깨와 목, 팔, 손끝이 하나라고 이미지화하자.

동양의학에서는 목덜미에서 두부에 걸친 '기의 흐름'은 팔을 통해서 손끝으로 나온다고 한다. 몸의 아래쪽에서 올라온 '기'는 머리를 돌고 나서 출구를 찾아 팔에서 손끝으로 흘러간다. 이것은 '생각한 일을 실행에 옮기는' 기의 흐름을 나타내고 있다.

어떤 의미에서 손끝은 그 사람의 재능의 출구이기도 한다. 인간은 손을 사용함으로써 문화를 발달시켜왔고 다양한 도구도 발명했다. 목, 어깨, 팔, 손끝에는 일련의 '기의 흐름'이 있다는 것을 기억하자.

이것이 막혀서 기가 역류하면 손끝에서 목까지 영향을 미쳐 역류한 기가 목과 어깻죽지에서 정체를 일으키고 열이 발생한다. 이것을 위팔이 냉각시키는 것이다.

위팔은 어깨나 목과 떼려야 뗄 수 없는 관계이다. 팔을 좋게 만들고 싶으면 기의 흐름을 의식하면서 트레이닝을 하는 것이 효과적이다. 트레이닝 센터에 다니기 어렵다면 매일 팔을 쭉 펴는 운동을 하는 것도 좋다.

'앞으로 나란히' 자세로 손끝을 똑바로 앞으로 펴자. 그리고 그 상태에서 힘을 꾹 준다. 그때, 어깻죽지에서의 기가 손끝에서 나오는 이미지를 떠올리는 것이다. 어깨에서 손끝까지 똑바로 하나가 된다는 것은 '한 길을 고집한다.'라는 의미이다. 익숙하지 않은 사람은 팔꿈치에 통증이 생길지도 모르는데 그것은 팔꿈치가 '방향전환'한다는 의미를 가지고 있기 때문이다. 기의 흐름으로 말하자면 한 번 생각한 것을 '다른 방향으로 하자.'라고 전환을 몇 번이고 하고 있는 증거이다.

반대로 말하면 위팔의 뻐근함은 한 길을 고집하지 않고 '어떻게 할까, 그만둘까.'라고 하는 마음이 쌓인 결과이다.

인간이기 때문에 망설임도 불안도 있다. 여러 번 방향전환을 하는 것도 좋다. 하지만 때로는 '이것이 나다!'라고 한 길을 고집함으로써 위팔의 뻐근함을 해소할 수 있다.

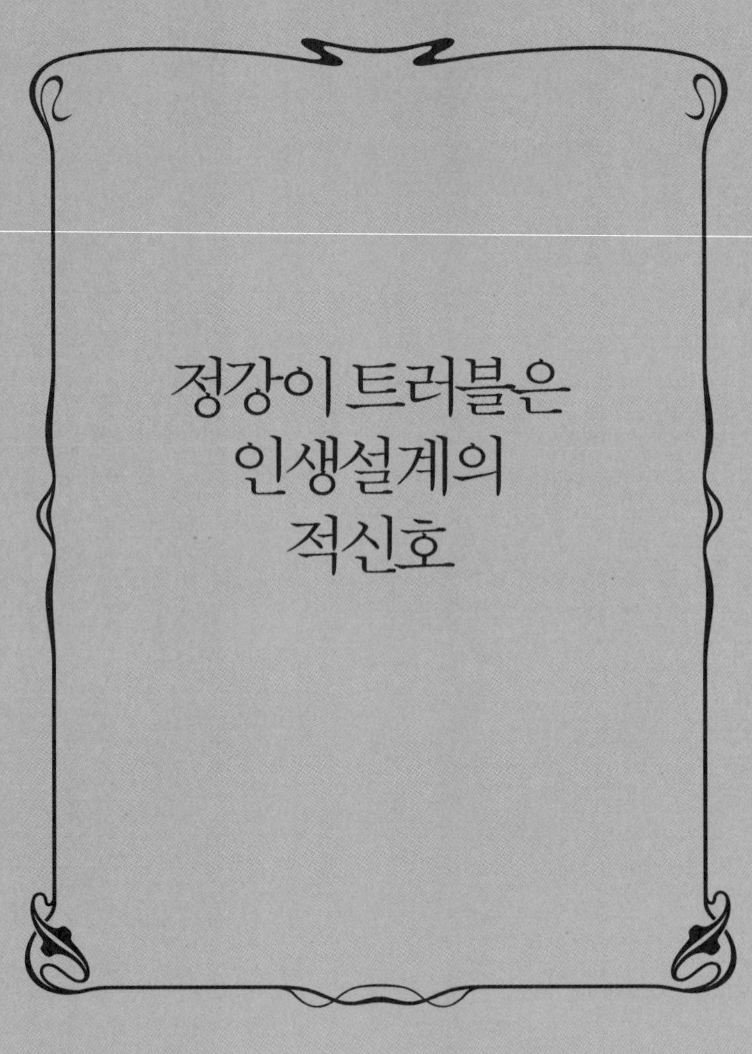

정강이 트러블은
인생설계의
적신호

예전에 계획성에 대해 상담을 한 클라이언트 중에 "정강이의 쓸모없는 털을 정리하기가 편해졌다."라는 사람이 있었다.

쓸모없는 털에는 남성호르몬과 여성호르몬의 밸런스가 나타난다. 그 클라이언트는 한 남성과 결혼을 할지 말지 망설이고 있었는데 경제력이 없는 상대에게 왠지 불안을 느끼고 있었다. 결국, 그 여성은 경제력이 없는 불안정한 인생을 받아들일 수 없어서 헤어지기로 결심을 했다.

경제적 계획성이 나타나기 쉬운 곳은 정강이이다.

우리는 평소에 정강이에 대해 그다지 의식하지 않는다. 정강이를 지나는 근육 중에 전경골근이라는 것이 있다. 이 근육은 발목과도 이어져 있는데 '기'의 흐름에서는 방광과 요도, 그리고 생식기와 연결되어 있다.

정강이와 생식기가 연결되어 있다고 하면 의외로 들릴지 모르지만, 카운슬링 경험상으로도 정강이에는 성 문제, 구체적으로는 남성호르몬과 여성호르몬의 언밸런스가 잘 나타나는 경향이 있다.

쓸모없는 털이 많은 것 외에도 종종 정강이를 부딪치거나 멍이 드는 사람도 남성성과 여성성의 밸런스나 남녀관계에 문제가 있는 경우가 많다. 자신도 모르는 사이에 멍이 드는 경우가 많은 사람은 무의식적으로 자신의 계획을 확인하고 싶고, 반대로 한번 그 계획을 뒤엎고 싶다는 심리를 가지고 있을지 모른다.

다리는 몸의 기반을 지탱하는 장소이다. 육체성, 경제적 안정성, 신뢰할 수 있는 남녀관계(파트너십)가 나타나는 장소인 것이다. 특히 똑바로 뻗은 형태의 '정강이'에는 그런 것들을 포함한 인생의 '계획성'이 나타난다.

시험 삼아 앉은 상태에서 다리를 쭉 뻗고 뒤꿈치를 바닥에 대고 발목을 힘껏 위로 들어 올려보자. 정강이 부근의 근육에 힘이 들어갈 것이다. 그 딱딱해진 곳을 위아래로 마사지를 해보자.

만일 '아프지만 기분이 좋은' 느낌이 든다면 뭔가 평소의 계획성에 문제가 있다고 보는 편이 좋다. 자신의 과제로 '계획성을 갖고 싶다.'라고 생각한다면 정강이 마사지를 계속해야 한다. 그때, '내 인생은 계획대로 잘 가고 있다!'라고 속으로 중얼거리면서 하는 것이다.

몸은 마음을 어떻게 먹는가에 따라 변화한다. 평소에 의식을 하지 않는 곳에 마음을 쓰고 주의를 기울이면 몸이 너무 좋아한다.

특히 방광염, 여성이라면 생리불순에 잘 걸리는 사람에게 정강이 마사지를 권한다.

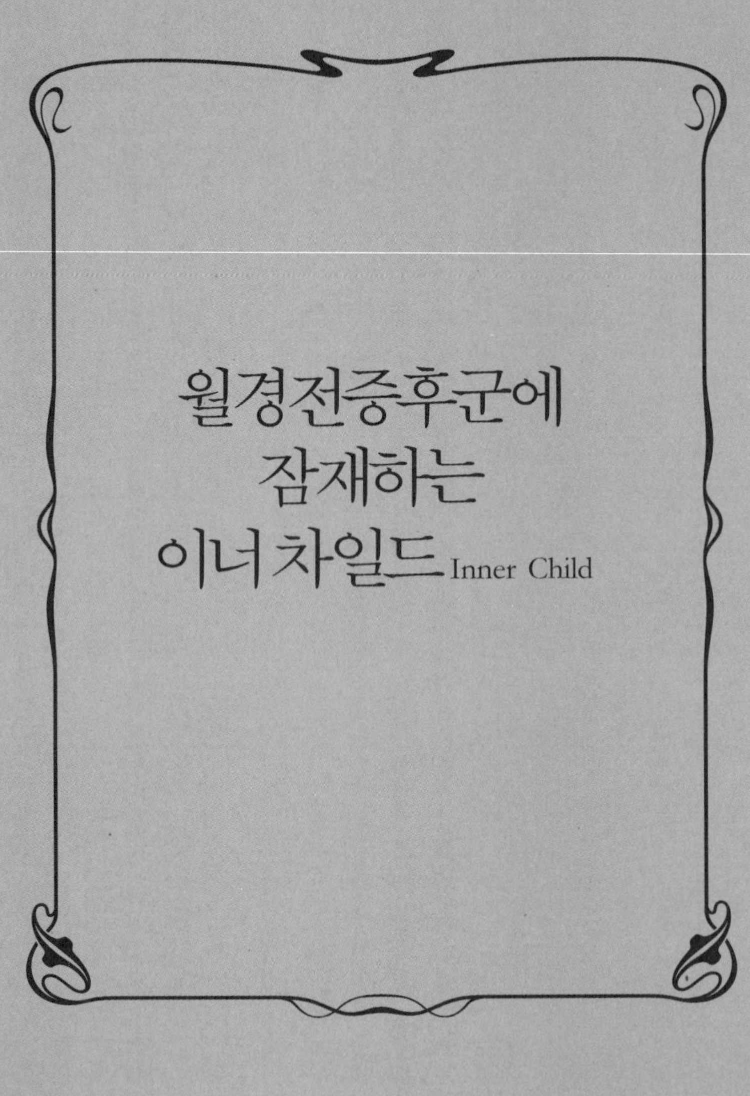

월경전증후군에 잠재하는 이너 차일드 Inner Child

어린 시절의 감정에 대해 생각해보자.

'이너 차일드'는 '내면의 아이'라고 할 수 있는데 심리학에서는 '마음 깊은 곳에 잠재하고 있는 유아기의 불행한 체험 때문에 상처를 입거나 억압되어 있는 진정한 자아.'라고 설명하고 있다.

즉, 사람의 마음속에 있는 어린 시절의 기억이나 감정을 말한다. 특히 부모에게 거부당하고 고독을 느낀 것과 같은 부정적인 감정을 억압해서 어른이 된 그 사람에게 커다란 영향을 주고 있다고 한다. 나는 미움을 받고 있다, 아무도 나를 받아주지 않는다고 하는 근거가 없는 불안과 그런 감정이 이너 차일드와 관계가 있다.

그런데 이 '이너 차일드'는 몸과 어떻게 연관되어 있을까?

몸에게 물어보면 이너 차일드는 고관절에 깃들어 있는 듯하다. 고관절에는 동양의학에서 말하는 곳의 '비경(脾經)'이라고 하는 기의 흐름이 지나고 있다. '비경'은 소화기능 전반과 혈액의 양을 조절하는 '기'의 연결이다. 그리고 '비경'에 영향을 주기 쉬운 감정은 '불안'과 '망설임'이다.

비경은 혈액량을 조정하고 있기 때문에 비경이 약한 사람은 월경과다나 빈혈 등의 증상으로 고통을 받는 경우가 많다. 카운슬링에서 그런 사람의 이야기를 들어보면 고관절이 어긋나 있거나 태어났을 때 고관절에 아탈구(불완전탈구)가 생긴 사람이 꽤 있다.

고관절의 탈구 자체를 고치기 위해서는 전문 치료 등을 받는 것이 좋지만 카운슬링에서는 그전에 왜 어긋난 것인지, 왜 어긋난 후에 제자리로 돌아오지 않는지를 함께 생각한다.

고관절의 기분을 중심으로 이미지 워크를 실행하면 거기에 '이너 차일드'가 등장한다.

클라이언트 중에 아주 인상에 깊이 남아 있는 여성이 있다. 그 여성의 이미지 워크 이야기를 해보겠다.

이미지 워크에서 분쟁이 끊이지를 않는 중동의 한 시대의 영상이 나왔다. 그 영상 속에서 그녀는 3~4살 정도의 아이였는데 폭격을 당한 한 마을에서 혼자 살아남았다. 폭격이 있었을 때, 어머니가 그녀를 품에 감싸고 보호했고 폭탄을 맞은 어머니는 죽고 말았다. 그녀는 어머니가 품에 감싸고 있었던 덕분에 목숨을 건진 것이다.

폭격이 끝났을 때, 적군이 그 마을에 주둔했고 그녀는 정찰대에게 발각되었다. 그런데 신기하게도 그 정찰대원이 그녀의 모습을 하고 있었다. 그녀 자신이 그녀를 쫓았던 것이다. 어린 그녀가 도망친 장소는 자신을 가슴에 품은 채 죽은 어머니의 품이었다.

너무나 슬픈 광경이다. 이미지 워크를 하고 있던 그녀도 그 순간, 눈물을 흘렸다. 이 영상은 대체 어떤 이미지였을까?

그녀는 어느 장면에서 깨달았는지 그 이후로 고관절 탈구가 상당히 호전돼서 고통을 받던 PMS(월경전증후군)와 월경 곤란증에서도 해방되었다.

심리학적으로 해석하면 아마 실제의 어머니에 대한 죄책감이 아닌가 여겨진다. 어린 모습의 그녀는 숨으려고 했는데 실은 죽은 어머니를 안았던 것이다. 그 광경을 발견한 것도 그녀 자신이었다는 점도 중요한 포인트이다.

고관절은 자궁을 지탱하는 중요한 뼈이다. 거기에 이너 차일드가 깃들어 있다는 것은 대단히 상징적이다.

남성도 물론 이너 차일드를 가지고 있다. 오히려 "강한 사람이 돼야 한다."는 말을 들으며 자란 남성은 그것을 인정하고 싶지 않아서

무의식적으로 그것을 덮어버리고 여성보다 더 억압을 받고 있는 경
우도 많다.

　자, 두 손을 좌우의 허리에 대고 튀어나온 뼈를 만져보자. 그곳에
여러분의 어린 시절 감정이 쌓여 있다. 어떤 감정인가는 몰라도 된
다. 그저 그곳을 누군가 만지고 쓰다듬어 주기를 바라는 감정이 깃들
어 있다는 사실을 의식하면 된다.

망설임과 불안을 정리하기 위해서는
'지금, 여기'에 집중한다

위장이 건강한 사람은 입술이 윤기가 나고 입 끝도 올라가 있으며 입가가 대단히 섹시한 것이 특징이다.

그리고 치아가 가지런하다. 피부에도 광택이 있고 활기찬 인상을 준다. 여성의 경우는 가슴이 봉긋하고 엉덩이에도 탄력이 있으며 깊은 인상을 주는 몸을 가지고 있다. 많은 여성이 고통을 받는 변비나 치질 또한 없다.

입에서 엉덩이까지 이어진 하나의 소화관에 무리나 부담이 없다는 것은 주위 사람들에게 정말로 건강한 인상과 신뢰감을 준다. 그리고 그런 사람은 평소에는 대단히 안정되고 부드러운 분위기를 유지하면서도 해야 할 일은 알아서 잘 처리한다. 무슨 일이 생겼을 때 의지할 수 있는 사람이다. 또 해야 할 일의 우선순위를 알고 있다.

그런데 "나는 위장이 건강하다!"라고 자신 있게 말할 수 있는 사람은 적은 듯하다. 그 정도로 현대인의 생활은 위장에 부담과 상처를 주기 쉽다.

식사를 하면 음식은 대체로 30~40분 정도 위 안에 있다. 그리고 소화활동에는 상당한 에너지가 필요하기 때문에 식후에는 위와 장에 혈액이 모인다.

'점심식사를 한 후, 왜 졸릴까?'라는 의문에 대한 답도 실은 여기에 있다. 소화활동을 할 때, 뇌보다 위장에 혈액이 우선하기 때문이다. 그런데 식후에 바로 운동을 하거나 머리를 쓰는 일상이 이어지면 근육이나 뇌에 혈액을 빼앗겨버려서 위장에는 혈액이 충분히 돌지 않는다. 위장에 충분한 혈액이 돌지 않으면 위점막이 얇아져서 작은 자극이나 스트레스에도 약해진다.

또 위는 감정의 영향을 가장 많이 받는 장기이다.

가령, 화를 내거나 초조해하면 혈액 중의 혈당이 증가하고 위는 위산을 점점 방출한다. 반대로 걱정거리가 있거나 주저하는 일이 있으면 위는 피가 모자라서 활동을 멈추려고 한다. 불안할 때 위의 내용물은 좀처럼 장으로 이동하지 않는다. 반대로 흥분했을 때는 빠르게 이동하고 충분한 위액작용을 받지 못한 채 음식이 이동해버리기 때문에 소화불량에 걸리기 쉽다.

하룻밤 사이에 위궤양에 걸리는 경우가 있을 정도이니 위는 상당히 섬세하다고 할 수 있다. 그런 위의 위산 분비는 감정의 움직임 그 자체라고 해도 과언이 아니다. 즉, 위가 건강하고 튼튼하다는 것은 감정적인 면도 안정되어 있다는 말이다.

우리는 내일 일이나 어제 일에 의식을 빼앗겨 지금 이곳에 살고 있다는 실감을 갖기 어려운 생활에 쫓기며 살고 있다. 지금, 이곳에서 식사를 하고 있는데도 머리는 다음에 해야 할 일로 가득 차 있고 편하게 식사를 하지도 못한다.

위가 아프거나 위가 더부룩한 상태가 지속될 때, 몸의 소리에 귀를 기울이고 '지금, 여기'에 있는 자신을 관리해야 한다. 걱정거리가 마음에 있으면 몸을 혹사하기 쉬운데 몸을 잘 움직이면서도 잘 쉬게 해주는 것도 자기관리의 일부이다.

위가 가르쳐주는 것은 '지금, 여기'를 느끼는 능력을 발전시키라는 것이다.

가슴과 엉덩이의 음양 밸런스

고대 중국에서는 우주 만물을 삼라만상이라고 해서 음과 양, 두 개의 카테고리로 나누어서 파악했다. 가령 태양은 양, 우수(偶數)는 음, 기수(基數)는 양이라는 식으로 말이다.

음의 성질은 부드럽고 팽창하는 경향을 가지고 있어서 움직임도 느리고 완만하다. 어두움과 추움은 음에 속한다. 한편 양의 성질은 딱딱하고 수축하는 경향을 가지고 있어서 움직임은 활발하고 민첩하다. 밝음과 따뜻함은 양에 속한다.

이 음양의 관점에서 몸을 보면 등 쪽이 '양', 배 쪽이 '음'이 된다. 몸의 앞쪽이 '양'과 같은 느낌이 들지만 인간은 두 발 보행을 시작하기 전에는 네 발로 걸어 다녔다. 아기가 네 발로 기는 모습을 떠올려 보자. 태양을 향하는 것은 등 쪽이다. 그래서 등 쪽이 '양'이다. 땅을 향한 배 쪽이 '음'이다.

이것을 몸의 부위에 적용시키면, 몸의 앞쪽인 유방과 몸의 뒤쪽인 엉덩이는 음양으로 밸런스를 잡고 있는 것이 된다. 물론 일률적으로 그렇게 단정할 수는 없지만 여성의 몸에 나타나는 음양 밸런스를 개략적으로 나누면 가슴이 큰 사람은 음 타입, 엉덩이가 큰 사람은 양 타입이라고 할 수 있다.

엉덩이가 큰 사람은 쾌활하고 적극적인 타입, 유방이 큰 사람은 생각이 깊고 신중한 타입이라고 할 것이다.

정신은 음, 육체는 양에 속하기 때문에 가슴이 큰 음 타입의 사람은 신비한 분위기를 띄고 있고, 엉덩이가 큰 양 타입의 사람은 오픈 마인드인 경우가 많다.

이렇게 생각하면 가령 엉덩이가 조금 커서 신경이 쓰이던 사람들도 생각이 달라질 것이다. 물론 모든 사람이 반드시 이 분류에 해당한다고 할 수는 없지만 자신만의 음양 밸런스를 파악하고 정리하는 것이 좋다.

제3장

슬픔과
외로움을
정리한다

폐

폐는 호흡을 통해 산소를 흡입하고 이산화탄소를 토해낸다. 공기가 통하는 길은 코에서 기관, 기관지를 통해 폐로 이어지고 있다. 기도는 폐포(肺胞)에서 혈관과 접하고 심장에서 보낸 혈액 속의 이산화탄소와 산소를 교환한다. 적혈구에 실려 몸의 구석구석까지 운반된 산소는 세포내에서 에너지를 만들기 위한 근본이 된다. 폐는 외부와 내부의 정보교환을 담당하고 있는 장기이다.

슬픔(悲)은 '마음(心)에 없다(非).'라는 뜻이다.

소중한 사람, 소중한 애완동물, 소중한 물건을 잃었을 때.

실연, 실망, 과거의 실패.

잃어버리고, 빼앗기고, 찢어지는 마음은 아주 괴롭다.

이럴 때, 마음이 정상이 아닌 것은 당연한 일이다. 정말로 슬플 때는 천천히 시간을 두고 마음을 회복할 필요가 있다. 하지만 이런 과정을 갖지 않고 과거의 씻을 수 없는 슬픔을 가슴에 꾹 담아두는 사람은 그 징후가 몸에 나타난다.

동양의학에서는 슬퍼하면 기가 사라지고, 살아갈 기력이 없어지고, 이것이 지나치면 내장 전체에 영양이 보급되지 않는다고 한다. 동양의학의 관점에서 보면 '슬픔'은 아주 위험한 감정이다. '기'가 없어지는 것이기 때문에 몸을 유지하는 에너지가 빠지고 그것이 지속되면 폐, 호흡기와 같은 생명을 유지하는 기본 능력에 현저하게 나타난다.

폐가 약해지면 나타나는 자각증상	
코 막힘, 부비강염(축농)	여드름(가슴에서 머리로 올라감)
콧물	화분증
한숨	피부 가려움
수족냉증(폐에서 온다)	변비(변이 동그랗고 복통, 배가 팽만하지 않음)
땀(잠을 잘 때 땀을 흘린다)	설사(통증과 작열감(灼熱感)이 빈번하게 동반)
목이 아픔	천식(폐에서 온다)
기침	목 결림
헛기침	큰 소리를 낼 수 없다
목소리가 잘 안 나온다, 쉰 목소리	오른쪽 어깨 통증
감기	건초염(손가락)
한기·오한	건초염(손목)
쉽게 피곤하다	

슬픔 때문에 숨을 잘 쉴 수 없게 되면 '하아.', '후우.'와 같은 한숨이나 '나 따윈…….'이라는 말을 자신도 모르게 입에 담게 된다.

그리고 호흡이 안정되지 않으면 생활의 활력도 사라진다. 실은 이것은 과거의 슬픈 체험이 '기대'와 '실망'의 불균형을 낳게 한 결과이다. '이번에는 꼭.'이라고 상대에게 지나친 기대를 하다가 '역시 나는 안 돼.'라고 큰 실망만 반복하게 된다.

기대가 어긋난다. → 실망감이 커진다. → 그러는 사이에 다른 사람의 친절을 잘 받아들이지 않게 된다.

이런 사람의 등은 위쪽이 잔뜩 긴장을 하고 있다. 그리고 상대의 작은 말과 행동에 쉽게 상처를 받고 쉽게 자기 자신을 잃어버린다.

목의 통증이 사라지지 않고, 목소리가 잘 나오지 않고, 기침이 멈추지 않아서 다른 사람과 이야기를 나누는 것이 귀찮아진다. 기력이 없어져서 상대와의 임계점이 불분명해지고, 자신이라는 경계선을 잃어버린다……. 이런 흐름을 끊기 위해서는 한번 실컷 울어야 한다.

웃음이 면역력의 NK(natural killer) 세포를 활성화시킨다는 말은 유명하다. 실은 슬픔도 NK 세포의 활동을 일단 떨어트리지만 바닥을 친 순간, 쿵하고 반전해서 세포활동을 끌어올린다고 한다. 즉, 슬픔을 끊어버릴 수 있게 되는 것이다.

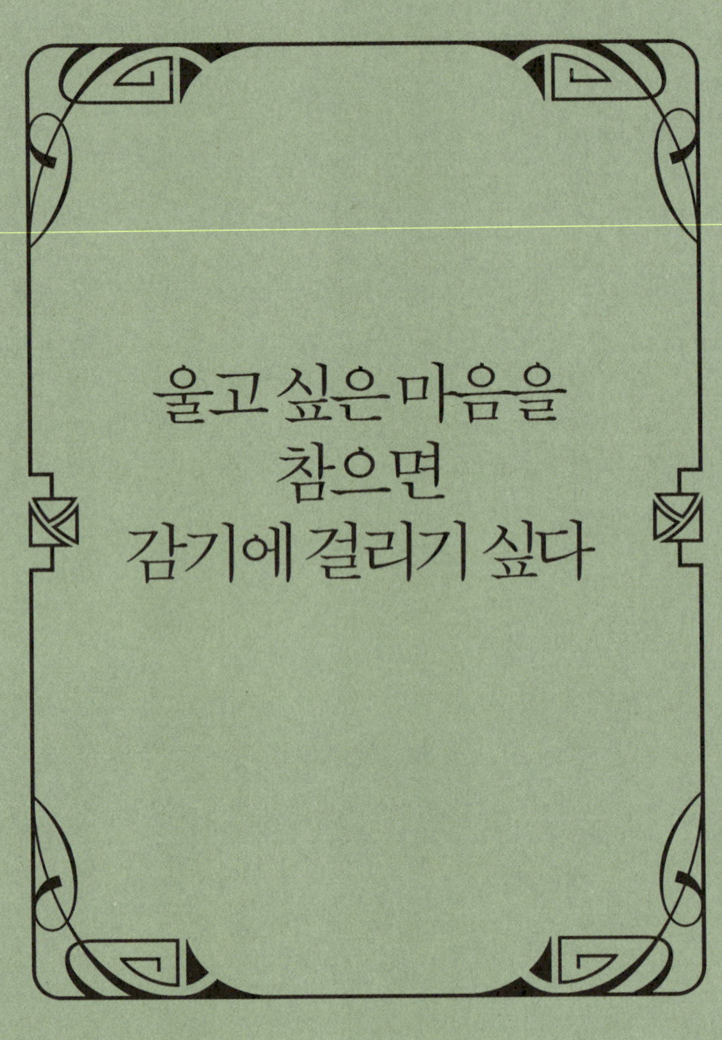

울고 싶은 마음을
참으면
감기에 걸리기 싫다

쉽게 감기에 걸리는 것은 몸에서 '목(目)' 자가 붙은 곳과 관계가 있다.

목, 손목, 발목.

이곳들은 '처음으로 감기에 걸리는 장소'이다.

목덜미가 차가우면 오싹해진다. 목덜미나 손목, 발목에 여분의 수분이 쌓여 있으면 차가운 바깥 공기가 직접 닿아서 한기가 몸에 침입한다. 그러면 필요 이상으로 체온을 빼앗긴다.

동양의학에서는 손목이나 등골의 관절에 쌓인 불필요한 수분은 그것만으로도 여러 가지 병의 원인이 된다고 한다. 몸과 마음의 관련에서 보면 습기는 그 사람의 울고 싶은 마음에서 온다고 한다.

울고 싶은 마음은 누구에게나 있는데 어른이 되면 다른 사람 앞에서 울지 못한다. 일반적으로 남성은 '남자는 울면 안 된다.'라고 하여 울음을 억압받으며 자란다. 여자의 눈물은 좀 더 복잡하다. 남자만큼 울음을 억압받지는 않지만 사회에 나가면 사회는 여전히 남성위주로 되어 있기 때문에 여자도 남자와 마찬가지로 눈물을 봉인하도록 요구하는 분위기가 만연해 있다. 적극적이고 독립심이 강한 여성일수록 그런 사회 분위기에 적응하기 위해 노력을 한다.

그래서 '울면 안 된다.'라고 참게 되는데 그럼 그 에너지는 어디로 가게 될까?

마음이 울고 싶은 마음을 봉인하면 몸의 장기가 그것을 받아들인다. 울고 싶은 마음의 에너지는 폐, 심장, 신장이 분담한다. 예를 들어, 신장이 그것을 받아들이면 그 에너지는 발바닥으로 나오려고 한다.

갑자기 화제가 바뀌는 듯하지만, 발바닥에는 신장의 중요한 혈이 있다. 그래서 울고 싶은 마음을 참으면 발바닥으로 향하려는 에너지가 발목에 충만하고 그곳에 냉기를 만든다. 평소에 발을 잘 헛딛거나 발목을 잘 겹질리는 사람은 특히 주의가 필요하다.

아무리 '나는 울지 않기로 결심했다.'라고 생각해도 울고 싶지 않은 사람은 없다. 그렇지만 역시 눈물을 흘리는 모습을 보이는 것을 싫어하는 사람도 있다. 그런 사람은 사람이 없는 곳에서 실컷 울면 된다.

가령 슬픈 영화를 방에서 혼자서 볼 때 한 손에 와인잔을 들고 마시면서 몸을 따뜻하게 하며 보는 것도 좋다. 모포도 준비해서 발목을 따뜻하게 해주는 것이다. 때때로 의식적으로 우는 시간을 갖는 습관을 가지고 있으면 몸의 습기를 분출할 수가 있다.

발목, 손목에 습기가 쌓여서 감기를 유발하는 것도 말하자면 몸의 울고 싶은 마음을 대변하고 있는 것이다. 감기에 걸리든지, 의식적으로 울고 싶은 마음을 표현하든지 둘 중 하나로 나타나는 것이다.

그리고 발목에는 '목적지를 바꾼다.'는 또 다른 의미도 있다. 따라서 만일의 경우를 위해서라도 발목을 빙글빙글 돌려서 유연하게 하는 것도 중요하다. 발목이 조금 경직된 듯하면 그곳에 쌓여 있는 '울고 싶은 마음'에 집중을 해서 발목을 자주 마사지하고 따뜻하게 해야 한다.

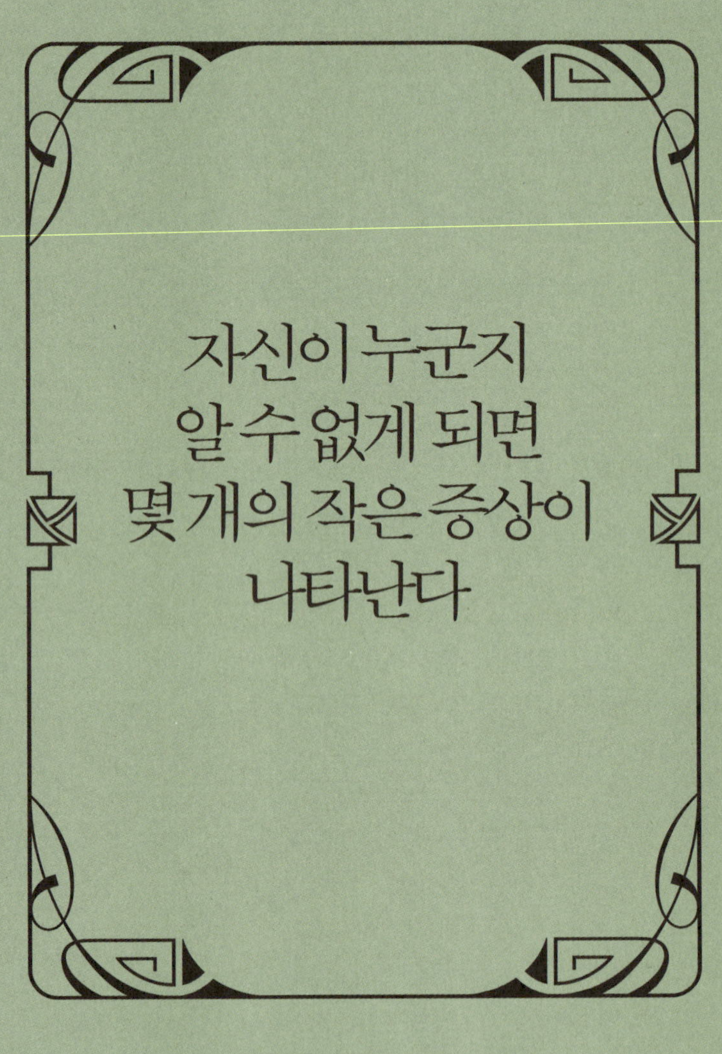
자신이 누군지
알 수 없게 되면
몇 개의 작은 증상이
나타난다

자신을 괴롭히는 병의 증상이 무엇인지 확실하게 말할 수 있으면 좋지만 작은 증상들이 여러 개 나타날 때는 정말 괴롭다.

목 결림, 어깨 결림, 수족냉증, 눈의 피로……. 여기에 마디의 통증, 만성 부비강염 등을 지니고 있어서 일상생활에 지장을 초래할 정도로 괴로움을 받는 경우도 있다.

이런 경우는 평소 생활에서 일과 가사를 잘하는 사람에게서 흔히 볼 수 있다. 동료와의 인간관계, 이웃과의 교류 등 모든 것을 지나치리만큼 잘해내는 사람에게 많다. 마음이 시간에 구속을 받고 인간관계에 얽매이게 되면 그 정체된 에너지가 몸에 나타나서 여러 가지 증상으로 이어지는 것이다.

그것을 개선하는 데 가장 좋은 것은 '장소'를 바꾸는 것이다.

예를 들어, 과감하게 여행을 떠나는 것이다. 평소에 생활하던 곳과 전혀 다른 환경에 한동안 머물게 되면 평소 고통을 받던 작은 증상이 사라지고 거짓말처럼 몸이 가볍게 느껴진다. 일상생활을 둘러싼 모든 요소로부터 벗어나서 마음이 개방되고 몸이 본래 가지고 있는 치유력을 떠올리기 때문이다.

사회생활을 할 때, 사회가 요구하는 태도나 역할, 이것을 '페르소나'라고 하는데 사람은 모두 '페르소나'로 살아가고 있다고 할 수 있다. 누군가의 부모, 누군가의 아들과 딸, 회사에서의 직위 등 페르소나는 '가면'이라고 하기보다 '연기하는 역할'이라고 하는 것이 좋을 듯하다.

외부에 대해 자꾸 신경을 쓰면 가면은 금세 무거워지고 그 징후가 몸에 나타난다. 그럴 때에는 일단 누가 이 가면을 연기하고 있는가를 떠올리자. 일상의 무대에서 내려와서 시간과 인간관계를 전부 벗어던진다. 그러면 '나를 위한 나'를 느낄 수가 있다.

우리는 '누군가를 위해'에 마음의 힘을 빼앗기고 '나를 위해' 살아가는 에너지는 고갈되어 버렸다. 나를 위한 에너지가 몸에 돌지 않게 되면 여러 가지 작은 증상에 고통을 받는다.

마음 깊은 곳에 '내 인생의 주인공은 나다.'라는 자각을 갖도록 해야 한다.

몸의 증상은 잊고 있었던 '누구를 위해서도 아닌 나를 위한 나'를 떠올리게 하는 사인이다.

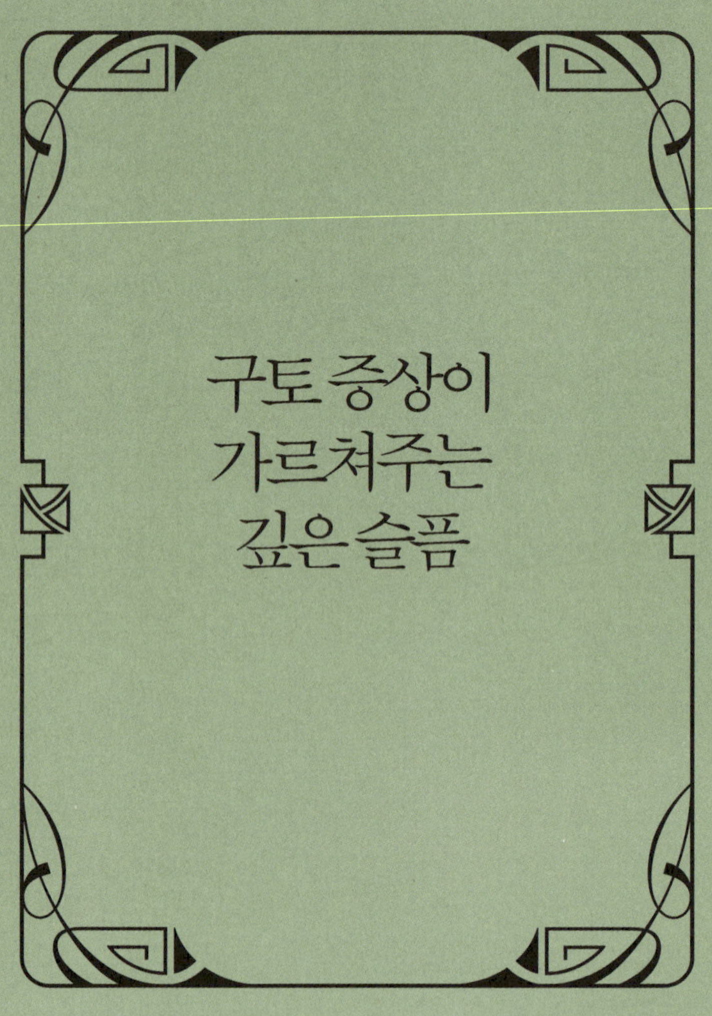
구토 증상이
가르쳐주는
깊은 슬픔

매주, 정해진 요일에 구토 증상이 나타나서 고통을 받던 클라이언트가 있었다. 일을 하는 날은 물론이고 오히려 휴일이 되면 몸이 축 처져서 움직일 수 없고 구토를 하는 사람이었다.

이것은 바로 자율신경의 실조증상이다.

자율신경계는 '교감신경'과 '부교감신경'이라는 두 개의 신경이 밸런스를 잡으며 움직이고 있다. 교감신경은 몸을 긴장시키는 신경, 부교감신경은 몸을 이완시키는 신경이다.

혈관을 수축시키는 것이 교감신경이고 확장시키는 것이 부교감신경이다. 이 밸런스가 하루 중에 자연스럽게 교체되면 몸을 닫아서 모으는 것과 몸을 열어서 내보내는 것의 균형이 맞아서 밸런스 좋은 상태를 유지하는 것이다.

그러나 현대인의 생활은 '교감신경 우위'의 상태를 강요받는 경우가 많다. 그래서 몸에서 나가지 못하고 쌓인 스트레스나 체내의 독 때문에 어쩐지 뻐근하고 피곤이 가시지 않는 상태가 계속되는 것이다.

쉬는 날이면 꼭 구토를 하는 것은 평소에 지나치게 몸이 긴장하고 있기 때문에 휴일이 되면 쌓인 에너지를 방출하려고 '구토'라는 비상 수단을 사용해서 몸을 느슨하게 하고 교감신경과 부교감신경의 일주일분의 균형을 맞추려고 하기 때문이다.

'자율신경 실조증'은 밸런스가 무너진 것이 아니라 어긋나버린 교감신경과 부교감신경의 밸런스를 억지로라도 맞추려고 하는 '부교감신경의 무리한 반사'라고 정의할 수 있다.

그 구조에 대해 설명하겠다.

몸에는 림프액이라는 것이 순환하고 있다. 긴장해서 독소나 피로물질이 세포 내에 있는 동안에는 그다지 피로를 느끼지 않는다. 그런데 완전히 긴장을 풀어 세포들이 그런 독소를 세포외액으로 배출하면 그것을 림프가 회수한다. 그렇게 전신의 림프액이 오염된 상태가 되면 순환이 나빠져서 나른한 피로감이 몸을 엄습한다. 비유를 들자면 운동선수가 시합 중에 부상을 입어도 긴장한 나머지 통증을 느끼지 않지만 시합이 끝난 후에 통증이 나타나서 환부가 붓는 경우와 똑같다.

몸은 긴장을 하고 있으면 통증, 가려움, 저림, 미각, 촉각, 청각 등의 감각이 둔해진다. 스트레스로 인한 몸의 긴장도 실은 똑같은 것으로 교감신경 우위의 생활이란 본래 느껴야 할 것을 마비시키고 있는 상태이다. 그리고 몸과 동시에 마음도 마비시키고 있는 경우가 많다.

사람은 받아들일 수 없을 정도의 슬픈 일이 있으면 일시적으로 마음의 움직임을 멈추는 경우가 있다. 그런 상태를 'Apathy(무감동)'라고 하는데 친한 사람과의 이별이나 죽음 등이 계기가 되어서 일어나는 경우가 있다.

무의식적으로 마음속에 봉인하고 있는 것이기 때문에 구토의 원인이 그 깊은 슬픔에 있다는 것을 깨닫지 못한다. 그래서 '일 때문에 피곤해서 그렇다.'라고 생각해서 증상이 개선되지 않는다. 실은 이 클라이언트의 구토는 '호흡으로 토해낼 수 없는' 슬픔의 대용이었다.

교감신경 우위의 몸은 자신도 모르는 사이에 호흡이 짧아지고 들이마시는 편이 우위가 되어 있다. 매일, 의식적으로 호흡을 해서 숨을 '뱉어내도록' 해야 한다. 그것이 말 그대로 '숨을 돌리는' 것이 된다.

폐가 건강한 사람은 하얗고 전체적으로 날씬한 느낌이 특징이다. 머리 회전이 좋고 안경도 잘 어울린다. 또한 목덜미, 선명한 쇄골, 부드러운 어깨선이 매력적이다.

단, 그것은 폐가 건강하게 기능하고 있을 때의 이야기이다. 폐의 기능이 지나치면 대장에 영향을 주어서 변비나 가스 등으로 고통을 받는다. 그리고 간장에 화가 쌓이기 쉽다.

폐는 장기 중에서 유일하게 바깥 공기와 직접 접촉한다. 공기에 포함된 다양한 '정보'를 코를 통해 몸으로 받아들여서 그것을 폐에서 혈액으로 전달한다. 반대로 몸속에는 약 60조 개의 세포가 있다고 하는데 각각의 세포가 토해낸 '정보'는 혈액을 통해 폐에 모이고 폐에 모인 정보는 호흡을 통해서 대기로 환원된다.

즉, 살아서 호흡하고 있다는 것은 '내 몸속은 이렇게 되어 있다!'라고 자기표현을 하고 있는 것이다.

지구상의 생물은 모두 호흡을 통해서 무의식중에 자기표현을 하고 있다. 그래서 대기(大氣)는 살아 있는 생명이 모든 정보를 토해낸 '집합 무의식'이라고 할 수 있다.

폐는 '내 안의 세계는 이렇다.', '외부 세계는 이렇게 되어 있다.'라고 하는 정보교환의 장소이다. 폐가 건강한 사람은 이런 정보교환이 능숙하다. 또 공기가 폐에 들어오기까지는 기관지라는 곳에서 여러 곳으로 갈라진다. 폐의 기능이 좋은 사람 중에는 분석능력이 뛰어나고 머리 회전이 아주 빠른 사람이 많다.

폐를 건강하게 유지하기 위해서는 먼저 호흡을 중요하게 여겨야 한다. 집안이 번잡해서는 호흡공간을 유지할 수 없다. 정보 수단(책이나 자료)의 정리정돈도 우리의 호흡을 편하게 해준다.

기공법 중에 '육자결(六字訣) 호흡'이라는 방법이 있다. 폐에 활력을 주는 호흡의 발음은 'ha:.'이다. 한숨 같은 '하아~.'가 아니라 의문형의 '하아?'도 아닌 '하―.' 하고 일정한 높낮이를 유지해서 15초 정도 길게 내뱉는다.

하루 중에서 이렇게 한숨을 내쉬는 경우가 있을 것이다. 그때, 한

숨으로 끝내지 말고 'ha:.', '하—.' 하고 숨을 내뱉는다. 한숨이 나오려고 하는 것은 몸이 정보로 가득 차 있다는 증거이다. 그 타이밍을 이용하면 된다. 익숙해지면 '하—.'에 탄력 있는 목소리를 실어서 의식적으로 하면 된다.

그때, 좋은 일이든 나쁜 일이든 '내 안은 이렇게 되어 있다.'라고 정직하게 밖으로 자기표현을 한다는 마음으로 하면 좋다. 말로는 잘 표현할 수 없는 슬픔이나 안타까움도 '하—.' 하는 목소리와 함께 대기 중으로 날아가기 때문이다.

정시(正視)의
반대편 눈으로 달을 보자

미하엘 엔데라는 동화작가를 알고 있을 것이다.

'끝없는 이야기', '모모'와 같은 유명한 작품을 남긴 독일 작가이다. 그런 엔데가 평생 천착한 테마는 판타지 마음이었다.

달은 수소와 탄소, 질소 등의 물질로 이루어져 있다. 중력은 지구의 6분의 1이고 크기는 지구의 4분의 1이다. 그러나 이런 것 외에 그 이상의 것이 있다.

아이들에게 달은 토끼가 살면서 방아를 찧는 세계이다. 그런데 아이가 "달에는 토끼가 살고 있죠?"라고 물으면 아버지는 "그렇단다."

라고 대답해주기 전에 달의 토끼＝분화구라는 이성이 작용하기 때문에 상상력이 멈춰버린다.

엔데는 이런 이성에 의한 사고 정지(상상력 정지)의 현대를 문명사막이라고 하며 비판했다. 그리고 그런 세계를 견인한 마르크스, 프로이트, 아인슈타인, 다윈을 문명사막의 사대 성인이라고 풍자했다.

엔데는 과학적 사고를 통한 이성주의의 만연이 세상에서 판타지를 빼앗아가고 있는 것에 대해 계속 경종을 울렸다. 그리고 과학만능주의가 진행되면 될수록 아이들에게 판타지 마음을 키워주는 것이 중요하다고 강조한 것이다.

우리들에게는 오른쪽 눈과 왼쪽 눈, 두 개의 눈이 있다. 나는 오른쪽 눈이 '태양의 눈', 왼쪽 눈은 '달의 눈'이라고 정의하고 있다.

시험 삼아 달을 왼쪽 눈으로(오른쪽 눈을 감고) 보자. 나는 오른쪽 눈이 정시(正視)인데 달의 모양이 선명하게 보이는 것은 왼쪽 눈이다. 많은 동양인(약 70%)은 오른쪽 눈이 정시이기 때문에 나와 마찬가지로 달을 왼쪽 눈으로 보아야 선명하게 보일 것이다.

정시와 다른 눈으로 보라는 것은 무슨 이유일까?

이상하지 않은가? 하지만 달에는 신비함이 있다. 신비함을 신비한 상태 그대로 남겨두는 것도 판타지 마음을 키우는 방법이다. 그리고 자신의 마음에 온전히 그대로 들어갈 수 있는 방법일지 모른다.

　낮의 눈=태양의 눈=이성의 눈

　밤의 눈=달의 눈=판타지의 눈

　이 두 개의 세계를 오갈 수 있기 때문에 인간은 풍요로울 수 있는

것이다.

제4장

우울과
무기력감을
정리한다

{ 심장 }

심장은 혈액을 전신에 보내는 펌프 작용을 하고 있다. 심장에는 우심방·심실, 좌심방·좌심실, 이렇게 4개의 방이 있는데 오른쪽은 몸의 구석구석을 돈 혈액을 회수해서 폐로 보내고, 왼쪽은 폐를 통해 산소를 지닌 신선한 혈액을 전신에 보낸다.

심장은 심근이라고 불리는 근육으로 이루어져 있고 1분간 50~70회 정도 뛴다. 심장의 리듬이 무너지거나 펌프가 기능을 잘하지 못해서 몸에 혈액이 돌지 않게 되면 큰일이다. 심장은 모두를 위해 일을 하는 헌신적인 장기이다.

우울하고 무기력해진 기분으로는 기쁨이나 환희의 감도가 떨어진다. 자신이 왜 기뻐하는지, 무엇을 기쁘게 느끼는지 모르게 된다.

일설에 의하면 '기쁨'은 어원적으로 '안쪽', 즉 '리(裏: 속 리)'에서 나온 말로 내면의 생각, 겉으로 나타나지 않는 생각이 그 본질적인 의미라고 한다.

고난을 극복했을 때의 달성감, 남들이 평가를 해줄 때의 충실감, 서로 이해하고 마음을 알게 되었을 때의 안도감 등 기쁨이라는 감정에는 종종 그때까지의 '이면의 감정'이 함께 동반되어 있다.

평소에 '이면의 감정'을 '기쁨'의 형태로 잘 표현하지 못해서 참기만 하면 몸이 한순간 풀어졌을 때, 다른 것들까지 표출되어 버린다. '그런 부끄러운 모습은 절대로 보이고 싶지 않다, 내 내면을 보이고 싶지 않다.'라는 마음이 습관이 되면 '자신의 기쁨'을 알 수 없게 된다.

기쁨의 감도나 행복의 감도가 둔해지면 심장에 영향이 나타난다. 심장은 순환 장기임과 동시에 즐거운 기분이 더 반영되는 장기이기 때문이다.

심장이 약해지면 나타나는 자각증상	
팔꿈치 통증	불면
왼쪽 어깨 통증	어지럼증(심장에서 온다)
땀이 난다(조금만 움직여도)	고열
구내염(심장에서 온다)	꿈을 많이 꾼다
설염과 아리는 듯한 통증	입이 마른다
코골이	권태 무력감
물건을 잘 잃어버린다	쉽게 놀란다(심장에서 온다)
손발이 차다(심장에서 온다)	차멀미·배 멀미
심장이 두근거린다	흥분, 예기불안, 시험 전 긴장
부정맥	손바닥이 화끈거린다
소변색이 묽다	아래팔 통증, 저림
빈혈 경향	

피가 정체되어 쌓여 있는 상태를 '울혈(鬱血)'이라고 한다. '울(鬱)'이란 바로 울기(鬱氣)로 기가 정체되어 몸의 어딘가에 쌓여 있는 상태를 가리킨다. 울은 몸의 파업이다.

따라서 우울한 기분을 정리정돈하기 위해서는 몸을 움직이는 것이 가장 좋다. 우울장애 대책으로 아침햇살을 맞으며 조깅하는 것이 좋다고 미국의 의학논문에 실려 있을 정도이다.

또 심장에 있는 자신의 리듬을 회복하는 것도 우울한 기분에서 탈출하는 방법이다.

가만히 가슴에 손을 대고 자신의 고동을 느껴보자. 거기에 자신의 이제까지의 기뻤던 체험이 한가득 담겨 있다. 평소에 '기쁘다.'라는 기분을 그대로 표현해야 한다. 일상에서 조금씩 많은 '기쁨'을 발견하는 습관을 가져야 한다.

온전히 기쁘다고 생각하는 것은 열심히 생활하고 있다는 증거이다. 그것은 자신의 내면의 여러 감정을 인정한다는 것이다.

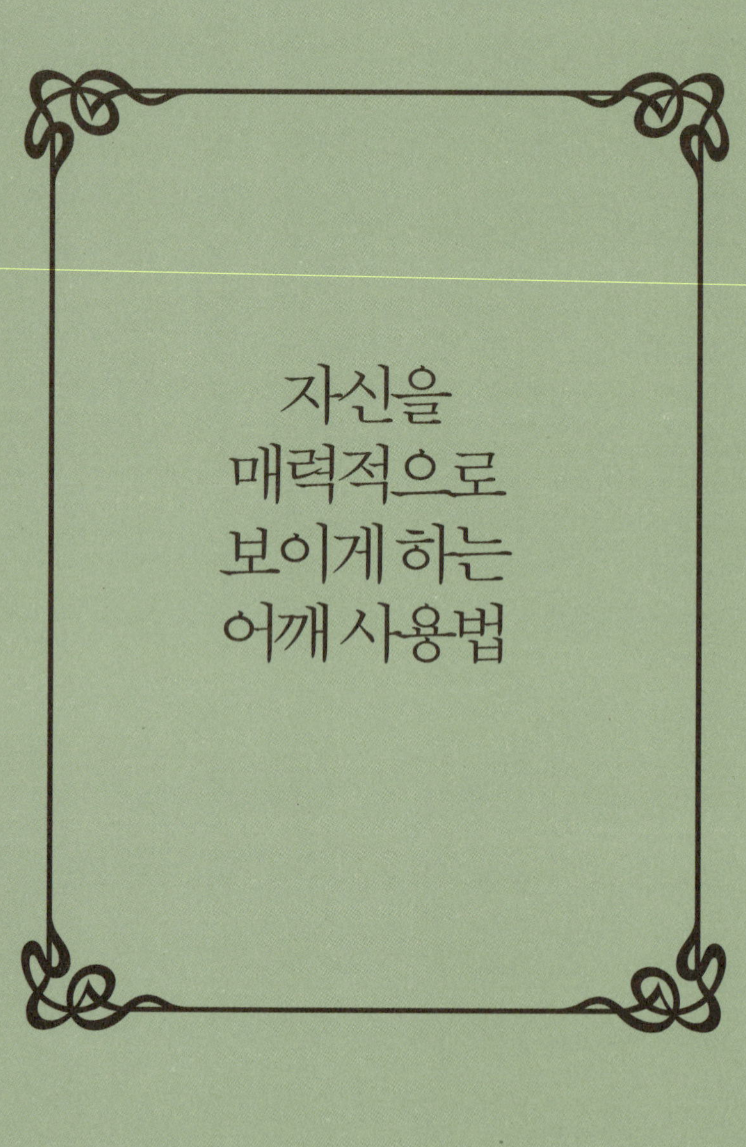
자신을
매력적으로
보이게 하는
어깨 사용법

병이나 상처로 자각할 수 있는 증상뿐 아니라 몸을 쓰는 습관에도 잠재적인 메시지가 담겨 있다.

어깨를 예를 들면, 어깨를 움츠린다, 어깨가 처진다, 어깨에 힘이 들어갔다 하는 말처럼 어깨를 사용한 표현이 많이 있다. 어깨에는 그 사람의 '매력'과 인생에 대한 '생각'이 나타난다.

사람의 상반신은 어깨와 쇄골, 견갑골이 세트가 되어 역삼각형 갑옷처럼 되어 있다. 이 세 개는 세트로 움직이기 때문에 어깨의 움직임은 상반신 전체에 영향을 준다. 무슨 일이든 '왼쪽 어깨부터' 동작을 시작해서 자신의 매력을 표현하면 심장이나 폐도 활기가 넘치고 효과적이다.

여기에는 조금 설명이 필요할 듯하다.

몸의 반사(反射)로 말하면, 오른쪽 어깨에는 정맥순환, 왼쪽 어깨에는 동맥순환이 반사한다. 의학적으로도 심장에 대한 부담은 왼쪽 어깨에 나타난다고 하는데 이것은 정확하게 말하면 심장의 동맥혈을

밀어내는 힘의 강약이 반사한다는 뜻이다. 또 오른쪽 어깨는 간장에서 심장으로 정맥혈의 수수(受授)가 반사한다.

좌우의 어깨는 몸의 혈액순환이 반영된다. 이것을 응용하면, 어깨 결림으로 몸의 좌우 밸런스를 읽을 수 있다. 사람에 따라 다르지만 기본적으로 오른쪽 어깨에는 화나 욕구불만, 왼쪽 어깨에는 자신감이 없거나 자기 자신을 낮게 평가하는 심리가 나타난다.

자기 자신에게 자신이 없는 사람은 꼭 왼쪽 어깨의 사용방법을 의식하기 바란다.

걸음을 걷기 시작할 때, 전철을 탈 때, 서류를 건넬 때, 몸을 앞으로 내밀 때에는 의식적으로 '왼쪽 어깨부터 시작'해야 한다.

그렇게 하면 자신이 없거나 자기 자신을 낮게 평가하는 것을 자신의 '매력'으로 변화시킬 수 있다.

의식적으로 왼쪽 어깨를 사용하는 것은 상대에게 친화성을 나타내는 행동이다. 왼쪽 어깨부터 시작하는 습관을 몸에 익히면 점점 자신감으로 이어져서 상대와의 거리를 줄여줄 것이다.

또 어깨에 긴장을 풀기 위해서는 어깨를 움직이기 전에 팔 마사지가 효과적이다. 팔꿈치부터 손목까지 위팔이라고 부르는데 여기를 좌우, 차례로 마사지하는 것이다. 마사지를 충분히 한 후에 어깨를 움직인다.

먼저 쇄골, 어깨, 견갑골, 상반신에 역삼각형의 갑옷을 입고 있다고 이미지화한다. 그리고 오른쪽 어깨의 정점과 왼쪽 어깨의 정점이 몸의 앞쪽에서 맞닿는 이미지로 양쪽 어깨를 앞으로 내민다.

이번에는 반대로, 등 쪽에서 어깨와 어깨의 정점이 맞닿는 이미지로 쭉 펴보자. 앞과 뒤를 번갈아 반복한다. 역삼각형을 나비처럼 나풀거리듯 부드럽게 날갯짓하는 이미지이다. 부드러운 어깨로 자유롭게 날아오르는 날개를 표현하는 것이다.

이 습관이 몸에 배면 자신의 진정한 매력을 쉽게 전달할 수 있다. 친구나 상사, 파트너에게 "좀 더 자신감을 가져라!"라는 말을 듣는 일도 분명 없어질 것이다.

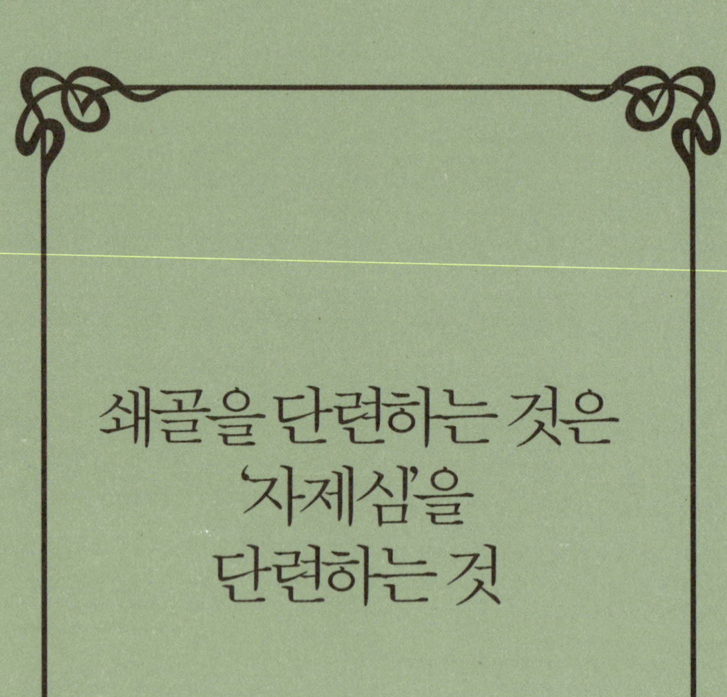
쇄골을 단련하는 것은
'자제심'을
단련하는 것

쇄골은 골절을 당하기 쉬운 뼈이다.

쇄골은 팔의 지지대와 같은 역할을 하고 있다. 심한 충돌이나 전도, 타박 등으로 인해 부러지기 쉬운 구조이다.

자유롭게 움직이는 팔을 한쪽 방향으로 움직이지 않도록 고정하고 있기 때문에 여기에는 '자제심'의 마음이 깃들어 있다.

또 쇄골은 고정하는 것만 아니라 좌우의 팔을 먼 위치에 두는 역할도 하고 팔의 가동 범위를 넓혀주기도 한다. 한쪽에서는 제어하고 한쪽에서는 자유의 폭을 넓혀주고 있는 것이다. 바로 이상적인 '자제심'이다.

몸을 건강하게 하기 위해 운동을 하는 경우에도 중요한 것은 머리로만 이해하지 말고 실제로 계속해서 움직여야 한다는 점이다.

운동을 할 때, 우리는 보통 '하루쯤 쉬어도.', '그만 됐다.'라며 자기 자신의 나약함에 질 때가 많다. 또 누구나 단것을 먹거나 공부를 게을리하는 경우도 있는데 상습적으로 '이 정도면 됐다.'라고 생각하면 몸에 긴장감이 사라져버린다. 이런 마음이 가장 쉽게 나타나는 장소가 쇄골이다.

쇄골을 단련하기 위한 운동을 소개하겠다.

목욕을 끝내고 쇄골이 보이는 상태로 거울 앞에 선다. 목을 움츠리면 쇄골이 강조된다. 그때, 양쪽 어깨를 앞으로 내밀면 쇄골이 한층 강조되고 어깨를 뒤로 펴면 보이지 않는다.

이 동작을 반복한다. 단순한 동작이지만 5~6회 정도 하면 꽤 힘이 든다. 그 시점에서 힘을 쭉 빼고 어깨를 늘어트린다. 어깨가 축 처지면 다시 목을 움츠리고 양어깨의 전후 운동을 5~6회 반복한다. 호흡은 어깨를 앞으로 내밀 때 내쉬고 어깨를 뒤로 펼 때 들이마신다. 이때 어깨와 팔을 함께 운동하는 것이 포인트이다.

쇄골은 가슴 중앙의 흉골과 어깨의 견갑골을 이어주고 있기 때문에 쇄골을 움직이면 저절로 어깨 운동이 된다.

단순한 운동이지만 예를 들어 '이번 주는 쇄골 주간으로 하자!'라는 느낌으로 일정 기간 동안 계속해야 한다. 끝까지 해내면 다시 다음 목표를 세운다. 이 반복과 축적이 '무의식중에 스스로에게 나약해지는 마음'을 자제하는 마음으로 이어진다.

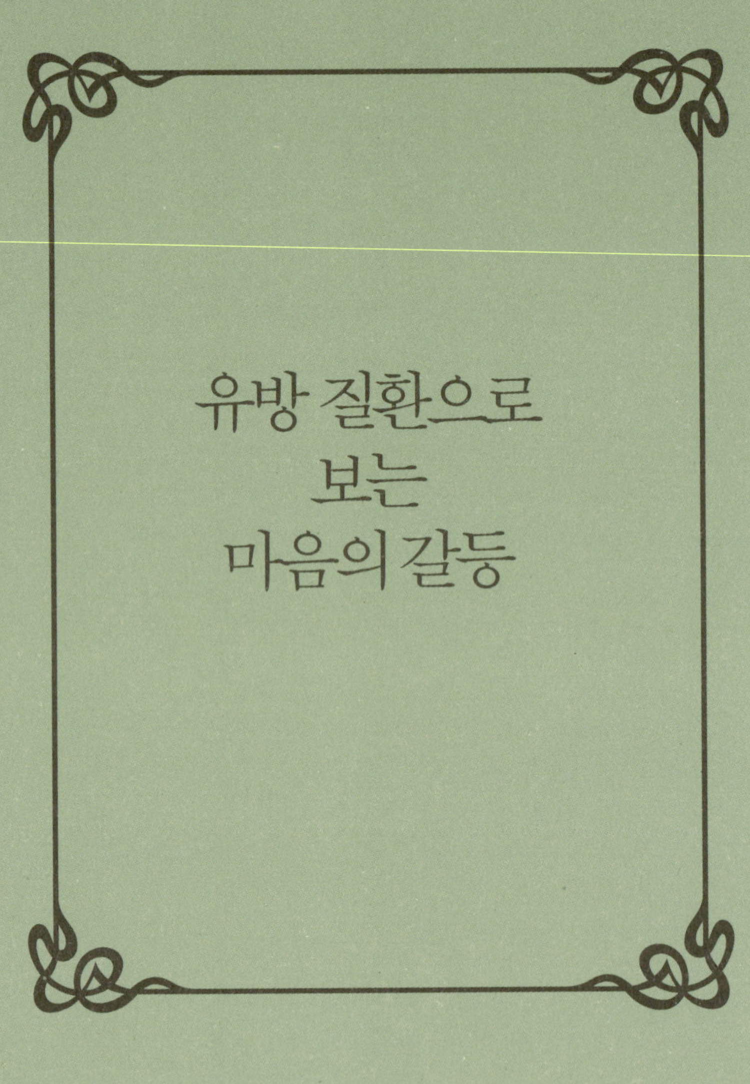

유방 질환으로
보는
마음의 갈등

여배우 안젤리나 졸리가 유방암 예방을 위해 유방절제 수술을 받은 사실을 공표해서 전 세계에 파문을 일으킨 이래, 유방암에 대한 계몽을 하는 핑크리본 운동도 널리 알려졌다.

유방의 마음에 대해서 말하면 여성에게만 해당되는 테마일 테지만, 여성 특유의 증상이나 질환은 그 배우자도 함께 공유해야 할 문제이니 남성들도 그냥 넘어가지 말아야 한다.

어느 한 임상연구에 의하면 오른쪽 유방암과 왼쪽 유방암에서 환자의 스트레스의 질이 다르다고 한다. 오른쪽 유방암 환자에게는 오랫동안 가정 문제로 고민한 경우가 많은데 문제는 그것을 다른 사람에게 좀처럼 상담하지 않는다는 점이다. 그래서 본인도 스트레스가 원인이라고 자각하지 않고 인정하지 않는 경우가 많다고 한다.

한편, 왼쪽 유방암 환자는 오픈마인드로 상대의 기분을 우선하는 사람이 많다. 다른 사람을 위해 일하고 그 결과, 육체피로나 육체 혹

사로 이어져서 과잉 스트레스가 몸의 밸런스를 무너트리는 예가 많다는 것이다. 오른쪽은 오랜 세월 정신적인 스트레스, 왼쪽은 육체적인 스트레스에서 오는 것이다.

우리는 사찰에 갔을 때 불상을 본 적이 있을 것이다.

오른손을 앞으로 내밀고 왼손은 밑에서 펴고 있다. 오른쪽이 발신하고 왼쪽이 수신하는 자세이다. 이것은 인간의 몸도 마찬가지이다. 오른쪽이 자기발신, 왼쪽이 수용이다. 인간관계에서 적극적으로 자기어필을 한다면 오른쪽부터, 상대의 기분이나 여러 상황을 받아들이거나 또 여성다움을 표현한다면 왼쪽이다.

자기어필과 내면의 기분을 억압하면 그것이 반동을 일으켜 오른쪽 유방에 쌓인다. 반대로 수동적이 되어서 그것이 자신의 허용량을 초과하면 그 에너지는 왼쪽 유방에 쌓인다.

좌우의 패턴은 일률적으로 말할 수는 없지만, 오른쪽에는 남성성 에너지의 문제가, 왼쪽에는 여성성 에너지의 문제가 나타나기 쉽다고 한다.

앞에서 임상연구의 예로 말하면, 오른쪽 유방암 환자들에게는 이

론적으로 이성적인 사람이 많다. 그래서 문제나 과제는 '스스로 해결해야 하는 것'이라고 생각한다. 왼쪽 유방암 환자들은 상대의 기분을 배려하는 착한 타입의 사람이 많다. 무리한 부탁도 좀처럼 거절하지 못한다. 상대의 스트레스를 받아들여서 그것이 자신의 안에 쌓이게 된다.

유방암까지 이르지 않더라도 유방의 낭포나 유선염, 호르몬에서 오는 유선증 등 응어리나 통증의 원인은 다양하지만, 좌우 어느 한쪽인 경우에는 마음의 패턴에 주목을 하는 것이 좋다.

또한 좌우의 가슴 크기가 다른 사람도 많은데 이것은 유방의 저변이 되는 대흉근과 관계가 있다. 오른쪽 팔과 왼쪽 팔의 사용법이 나타나는 것이다.

유방은 여성만의 신비성을 담고 있는 장소이다. 폐나 심장을 보호하는 기능도 있기 때문에 생명을 사랑한다는 의미도 함께 내포되어 있다. 강함과 부드러움, 오른쪽 가슴과 왼쪽 가슴에 나타나는 각각의 마음에 반드시 주의를 기울여야 한다.

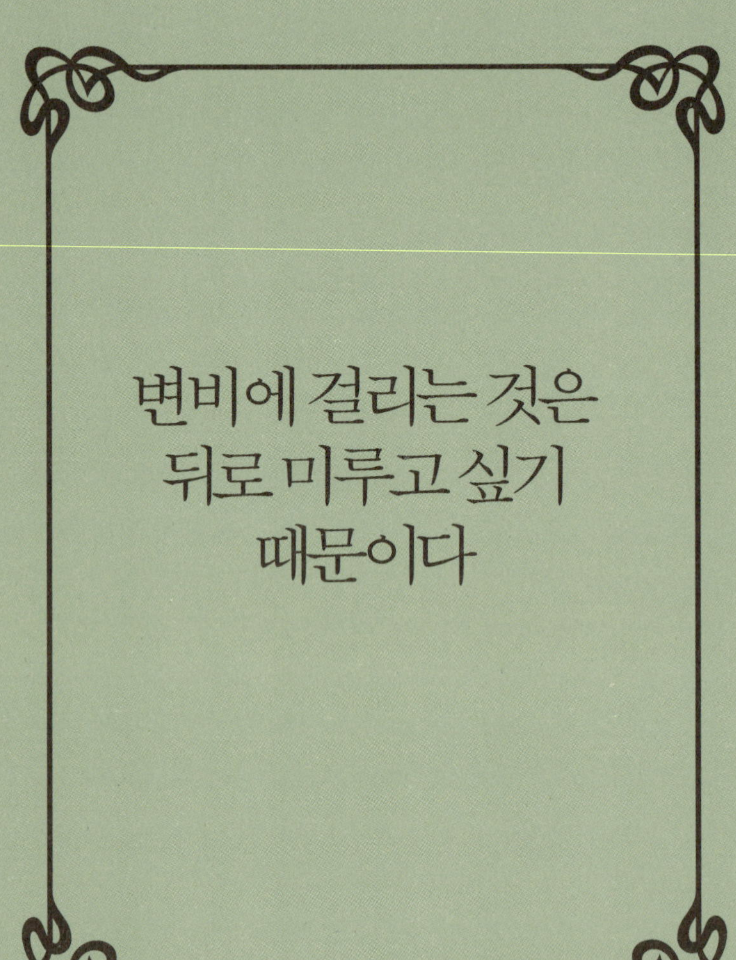

변비에 걸리는 것은
뒤로 미루고 싶기
때문이다

변비는 여성의 대적(大敵)이다. 피부에도 좋지 않다.

남성은 여성과 비교해서 변비에 잘 걸리지 않지만 최근에는 남성 변비 환자도 늘어나고 있다. 이를 해결하기 위해 여러 가지 방법을 시도했지만 아무 효과도 없었다는 사람이 알아야 할 점은 변비 해소의 열쇠는 장딴지라는 사실이다.

장딴지는 '뒷걸음질 칠' 때 가장 크게 활약하는 근육이다. 즉, '지금은 피하고 싶다.'라는 마음이 쌓여 있는 곳이다. 그래서 장딴지에는 '나중에'라거나 '후일'이라는 마음이 쌓이기 쉽다. 그리고 변비에 걸리는 사람의 입버릇 중에도 이 말이 많다.

변비에는 물론 여러 가지 원인이 있겠지만 첫 번째는 장에 열이 차서 장의 점막이 건조하여 변을 잘 운반하지 못하는 것이다. 그 경우는 건조한 장의 열을 다리 쪽으로 이동시킬 필요가 있다.

장과 장딴지가 무슨 관계가 있나 하고 생각할지 모르지만 '기'가

통하는 길에 삼초경(三焦經)이라는 것이 있어서 장딴지에는 이 삼초
경이 지나가고 있다.

삼초경이란 두부, 흉부, 복부, 이 세 개의 기의 밸런스를 정비하는
경(經)인데 건조한 열이 들어온 복부의 '기'는 장딴지에서 방출하는
것이 가장 좋다. 즉, 장딴지 운동으로 열을 유도하는 것이다.

장딴지에는 '키친 엑서사이즈(kitchen exercise)'를 권한다. 요리를 할
때나 설거지를 할 때와 같이 부엌에 서 있는 시간을 이용한다.

똑바로 서서 양발을 어깨 넓이로 벌린다.

뒤꿈치를 들어서 등 운동을 한다.

이것을 처음 10회는 발끝을 조금 바깥쪽으로 벌리고 팔자걸음 상
태로 실시한다.

이때, 발의 새끼발가락 쪽으로 체중이 이동한다.

다음 10회는 발끝을 안쪽으로 향해서 안짱다리 상태로 실시한다.

이때는 엄지발가락으로 체중이 이동하는 느낌이다.

팔자다리에서는 항문이 수축하는 느낌, 안짱다리에서는 복근에
힘이 들어가도록 의식한다.

허리가 약한 사람은 요주의가 필요한데 팔자다리 10회, 안짱다리

10회, 합계 20회를 하루에 한 번이라도 좋으니 계속하면 상당한 운동량이 된다.

　운동의 포인트는 지속과 반복인데 운동에만 시간을 할애하는 것이 다소 어려운 경우도 있을 것이다. 비결은 생활습관이나 생활행동 속에 동화시키는 것이다. '부엌에 들어가면 등 펴기 운동'을 해야 한다고 몸이 무의식중에 움직일 정도로 습관을 들이는 편이 오래 지속할 수 있다. 부엌에서 '다른 일을 하면서 운동을 할 것'을 권하는 것도 그런 이유이다.

　따라서 이를 닦을 때나 TV를 보면서 해도 상관이 없다. 자신에게 맞는 타이밍을 찾아서 실행하면 된다.

　변비에 잘 걸리는 사람은 전반적으로 변을 보는 타이밍이 맞지 않는 경우가 많다. 나중에 변을 봐야지 했다가 얼마 후에 막상 변기에 앉으면 변이 나오지 않는다. 왜냐 하면 장이 일을 하는 데에는 타이밍이 중요하기 때문이다. 장딴지 운동을 할 때는 반드시 '지금 한다.', '지금 하고 있다.'라는 마음을 담아서 해야 한다.

　'나중으로 미루는' 마음을 없애기 위해서는 장딴지의 활성화가 효과적이다.

　‘나중에’, ‘조금 있다’라는 입버릇을 버리고 타이밍 좋게 움직이는 습관을 갖도록 해야 한다.

우울과 무기력감을 정리하기 위해서는 가까운 사람에게 '인사'를 한다

심장이 건강한 사람은 보기에도 건강해보이고 희로애락이 아주 풍부하다. 항상 웃고 있는 느낌이 특징이다. 또한 천성적으로 사람을 잡아끄는 매력을 가지고 있다.

심장이 몸의 건강에 미치는 힘은 혈행(血行)이다. 몸 안에서 건강이 흘러넘치는 듯한 사람은 전신의 혈관이 잘 움직이는 타입이다. 또한 감정의 움직임이나 다른 사람과의 교류에 혈액의 흐름이 크게 반응한다.

뿐만 아니라 즐거운 일이나 애증에 민감하다. 상대에게 감정이입을 하기 쉽고 동물이나 식물에게도 애정을 가지고 있다. 천진난만하게 행동하면서도 다른 사람을 배려하는 점도 특징이다.

또 심장은 모성애의 상징이다. 그리고 그 사랑을 분배하는 것이 심장의 역할인데 실제로 몸 안의 세포에 산소와 영양이라는 사랑을 쉬지 않고 보내고 있다.

심장이 건강한 사람은 그런 '사랑을 나눠주는' 심장의 힘이 전면에 나타나는 타입이다. 다른 사람에게 흥미가 있고 항상 주위에 관심을 갖고 애교가 있다. 그리고 혈관이 그런 마음의 작용에 잘 따라가기 때문에 항상 피부에서 윤기가 난다.

반면, 다른 사람의 말에 너무 상처를 받기 쉬운 면도 있다. 주위를 즐겁게 해주고 모두와 활력을 나누어 갖고 싶다고 생각하고 있기 때문에 그것이 통용되지 않거나 상대가 차가운 태도를 보이면 큰 충격을 받는다. 그래서 심장 타입의 사람은 마음의 관리가 중요하다. 상대의 말에 과잉되게 반응을 하면 바로 몸에 나타난다.

가장 좋은 것은 가슴의 고동을 느끼는 것이다.

예를 들어 욕조에 들어가 있을 때, 눈을 감고 가슴의 중앙에서 조금 왼쪽의 쿵쾅거리는 곳에 손을 대고 고동에 의식을 집중한다. 그리고 애정을 담아서 전달되도록 주의를 기울이는 것이다. 항상 사랑을 나누어주는 심장에 때로는 사랑을 전달하도록 하자.

그리고 '다른 사람과 무언가를 나누는 행동'을 하면 본래의 애교나 매력이 돌아온다. 물건이 아니더라도 재미있는 정보나 경험, 지혜도 좋다. '안녕!' 하고 인사도 나눈다.

무기력감이나 우울한 마음을 정리하는 데 가장 좋은 것은 매일 가까운 사람들과 웃는 얼굴로 서로 인사를 나누며 생활하는 것이다.

말의 힘

말은 개인과 환경을 이어주는 중요한 커뮤니케이션 도구이다. 아울러 언행은 그 사람의 경험의 축적이라는 의미도 내포하고 있다. 몸의 건강, 피부의 아름다움도 그 사람의 축적이다. 그 축적의 '장(場)' 위에 현재의 개인의 몸이 놓여 있는 것이다.

그리하여 말투는 그 사람이 세상과 어떻게 연결되어 왔는가를 나타내는 것이라고 할 수 있다.

정중한 말투는 세상과 정중하게 연결되어 왔다는 증거이다. 반대로 좋지 않은 말투는 자신의 몸의 장소(場)도 좋지 않게 만든다.

좋지 않은 말투는 먼저 눈과 턱, 치아에 나타난다. 그리고 지각신경에도 축적된 영향을 주고 피부에도 그 흐트러짐이 나타난다. 피부의 표면에는 외부의 온도와 습도, 그 외 공기의 미묘한 변화를 감지하는 신경말단이 퍼져 있다.

말투는 자기 주변의 공기에 실제로 진동을 주고 있기 때문에 그 영향이 돌고 돌아서 자신의 피부로 되돌아온다.

치아나 턱에 대한 영향도 중요하다. 타액선의 반응이 둔해져서 소화액이 적절히 나오지 않게 된다. 그 결과, 입이 마르거나 위나 장의 소화활동에도 영향을 주는 경우가 있다.

물론 말투가 옳다거나 틀리다거나 하는 기준이 있는 것은 아니다. 고상한 말투가 어울리는 경우도 있고 장난스러운 느낌이라도 배려심이 담긴 말투도 있다.

하지만 어떤 경우에도 '무시하는 듯한 말투'는 피해야 한다. 또 친구나 주위 사람, 유행에 휩쓸려 자신답지 않은 말투를 계속 사용하면 역시 '장소(場)'가 흐트러진다. 반드시 지금 자신의 말투를 뒤돌아보고 당장이라도 말의 '의식화'를 실천해야 한다.

제5장

공포와
두려움을
정리한다

신장

신장은 등의 아래쪽, 허리 가까이에 두 개가 있다. 신장은 혈액을 여과해서 소변을 만들고 몸에 필요 없는 노폐물과 염분, 수분을 몸 밖으로 배출한다. 몸 안의 수분량을 적정하게 유지하는 일과 나트륨이나 칼륨 등 체액 성분의 밸런스를 조정하는 일도 신장의 일이다. 신장은 혈압과도 깊이 관계하고 있다. 끊임없이 필요 없는 것을 버려주는 신장은 인내심이 강하고 균형 감각이 좋은 장기이다.

　우리가 살면서 겪는 공포 중에는 고소공포, 폐쇄공포, 대인공포 등 무수히 많다. 또한 유령이 무섭다, 사자가 무섭다 등 그 공포의 대상은 수없이 많지만 이보다 더 무서운 것은 무엇일까?

　여기서는 단적으로 '죽음에 대한 공포'에 대해서 생각해보겠다. 죽음에 대해 고찰하면 그 어떤 무서움도 정리할 수 있을지 모른다.

　누구나 죽는 것이 무섭다.

　나는 어릴 적 '나는 오늘 죽을 것이다.'라는 공포에 떨던 시기가 있었다. '학교에 가는 것이 너무나 무서웠다.', '오늘은 차에 치일지도 모른다.', '오늘은 나쁜 사람에게 유괴당할지 모른다.', '오늘은 등교 중에 늘 만나는 큰 개에게 물려서 죽을지 모른다…….' 등 지금 생각하면 왜 그렇게 무서웠는지 도무지 알 수가 없지만 소년 시절에는 매일 고민하던 문제였다.

현재, 일 관계로 많은 클라이언트를 만나는데 실제로 죽음에 직면한 클라이언트의 카운슬링을 하는 경우가 있다.

암에 대한 공포, 병에 대한 공포, 죽음에 대한 공포……. 이것들은 자연적이고 근원적인 감정이지만 그 본질을 파고들면 '소중한 사람과의 영원한 이별', '자신이라는 존재의 붕괴와 소멸'이라는 테마로 집약된다고 할 수 있다.

자신이 축적해온 경험과 사고, 그리고 그것을 전달해준 자신을 둘러싼 다양한 인간관계 등 이것을 잃어버리는 것은 너무나 무서운 일이다.

동양의학에서는 두려움은 '신(腎)'을 다치게 한다고 한다. 신장은 아는 바와 같이 혈액을 여과하고 소변을 만드는 기능이 있다. 뿐만 아니라 혈액에 포함된 불필요한 것을 골라내서 정화시켜준다.

그러나 몸에 있어 혈액은 바로 '자기 자신'이다. 지금까지 자신이었던 혈액을 여과하고 그것을 내보내는 것은 아주 무서운 일이다. 그래서 평소에도 신장은 '이걸 정말 버려도 괜찮은가?', '나중에 쓸 일이 없을까?', '역시 남겨둬야 하나?'와 같은 '두려움'이 있다.

하지만 그렇게 버리지 못하는 상태가 지속되면 어떻게 될까? 혈액은 짙어지고 독소가 쌓이고 세균 등에 감염되기 쉽다.

공포란 생명이 위기에 처했을 때 생기는 알람이다.

<table>
<tr><th colspan="2">신장이 약해지면 나타나는 자각증상</th></tr>
<tr><td>다리와 허리가 나른하다</td><td>대하(帶下) 양이 많다)</td></tr>
<tr><td>발목 염좌</td><td>자궁근종</td></tr>
<tr><td>무릎 통증</td><td>목이 잘 돌아가지 않는다</td></tr>
<tr><td>탈모</td><td>천식(신장에서 온다)</td></tr>
<tr><td>백발</td><td>정력 감퇴(임포텐츠)</td></tr>
<tr><td>비듬</td><td>전립선염·비대</td></tr>
<tr><td>편도선이 붓는다(아데노이드)</td><td>빈뇨</td></tr>
<tr><td>이명</td><td>다리가 붓는다</td></tr>
<tr><td>난청</td><td>무좀</td></tr>
<tr><td>이통(耳痛), 중이염</td><td>습진</td></tr>
<tr><td>사랑니</td><td>티눈</td></tr>
<tr><td>어지럼증(신장에서 온다)</td><td></td></tr>
</table>

소중한 사람이 위기에 처했을 때.

자신이 가지고 있던 재산이나 물건, 땅이 침해당하려고 할 때.

자신이 하려던 일을 빼앗겼을 때.

공포란 빼앗기지 않으려고 하는 심리가 발하는 경고인 것이다.

'이것도 해야 하고 저것도 해야 한다.'라는 말을 입에 달고 살면서 빡빡한 스케줄을 소화하는 노력파가 있다. 그런데 이렇게 열심히 하는 것이 두려움에 의한 것이면 만성 스트레스에 걸려 '정말로 자신이 하고 싶은 일, 즐거운 일'이 무엇인지 알지 못하게 된다.

두려움에 기인하는 열정은 몸에 나타난다. 그 결과 다리가 붓고, 허리가 아프고, 발목과 골반이 경직되고, 생리불순이나 월경곤란이 생긴다. 또한 감기에 잘 걸리고 비염이나 목에 염증이 생기기 쉽다.

두려움이란 '불필요한 것은 버려야 한다.'는 사인이라고 생각해야 한다. 너무 많은 것을 부여잡고 있으면 움직일 수 없게 되어서 자신의 진정한 매력과 능력을 저하시킨다.

공포를 정리정돈하는 비결은 '나는 ○○이다!'라고 간단명료하게 말할 수 있는 것이다. 자신을 특화하고 자신밖에 할 수 없는 일을 하고 그 외는 다른 사람에게 맡겨야 한다.

신변의 정리정돈, 필요 없는 서류나 책과 잡지 처분도 중요하다. 사용하지도 않으면서 '언젠가는 쓸 것'이라는 생각에 그대로 두었던 물건 등.

두려움이란 감정은 구체적으로 방을 정리정돈하고 깨끗하게 버리는 작업이 가장 효과적인 대처법이다.

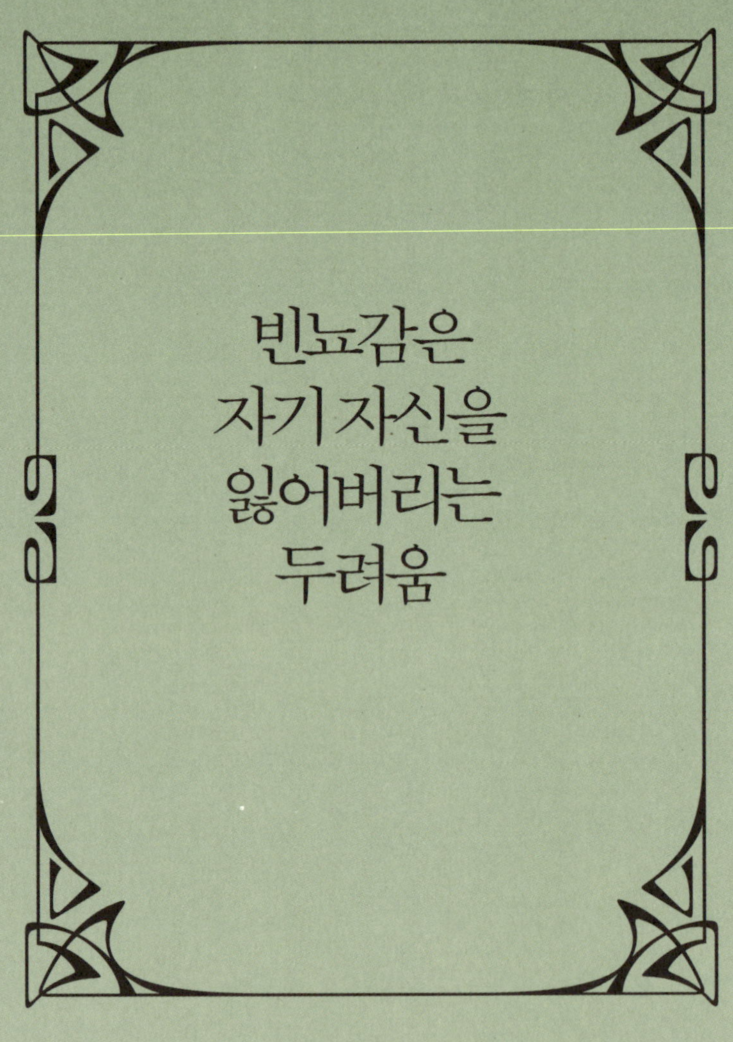

빈뇨감은
자기 자신을
잃어버리는
두려움

빈뇨감이나 방광염은 자신의 기준이 흔들릴 때 나타나는 경우가 많은 증상이다. 왜냐 하면 그런 방광에서 생기는 증상은 배꼽과 관계가 있기 때문이다.

태어나기 전의 태아는 뱃속에 있을 때 탯줄, 즉 배꼽의 줄을 통해 산소와 영양분과 그 외의 모든 것을 흡수하기 때문이다. 탯줄과 방광을 잇는 관을 '요막관'이라고 하며 태아가 성장하면서 퇴화하는데 배꼽과 방광이 이어져 있다는 것은 의외의 사실이다.

방광은 요(尿)를 저장할 뿐 아니라 몸의 혈액이 진할 때는 더 진한 요를 배출해서 혈액을 묽게 하고 반대로 몸의 혈액이 묽을 때는 더 묽은 요를 배출해서 혈액을 진하게 한다. 혈액이 '현재의 나'의 상태를 나타낸다면 방광은 현재의 나를 조정하는 역할을 하는 것이다. 그리고 그 안테나가 되는 것이 '배꼽'이다.

동양의학에서는 '배꼽 아래 세 치'가 되는 곳에 단전이라는 아주 중요한 장소가 있다고 상정하고 있다.

그런데 한 동양의학 선생님께 '배꼽 아래 세 치'라는 것은 '아래'가 아니라 배꼽 '안쪽'으로 세 치가 되는 곳에 있다는 것을 배웠다. 즉, 몸의 안쪽에 있는 것이다. 그리고 그 장소는 바로 요막관이 있었던 곳이다. 단전이란 배꼽과 방광의 사이에 있는 것이다.

배꼽은 우리들이 생각하는 것 이상으로 다양한 것을 느끼는 힘이 있다. 혈액이 진하다, 묽다, 혈액이 차갑다, 열이 차 있다…… 등은 배꼽이 안테나가 되어서 방광에서 혈액의 농도를 조정하는 것이다.

이것은 지금의 자신의 기준이 어떤가를 확인한다는 뜻이기도 한다.

현재를 살아가는 데 있어 흔들림 없는 자신만의 기준을 가지고 살아가기란 지극히 어렵다. 그러나 정보를 모으려고 하면 얼마든지 모을 수 있다. SNS를 통해 멀리 떨어진 곳에 있는 누군가의 평범한 일상까지 알 수도 있으며, 그 알고 싶다는 욕구는 끝이 없다.

그러나 지구상의 어느 곳이라도 갈 수 있다고 해서 모든 나라에서 살 수는 없다. 만나는 사람 역시 마찬가지이다. 평생 동안 만날 수 있는 사람은 한계가 있는 것이다.

서점에 가면 책이 많이 있지만 그 책들을 모두 읽을 수는 없다. 설령 전부 읽었다고 해도 인생의 대부분의 시간을 책을 읽는 시간에 들인 결과일 것이며 그 사람의 세계는 책 속에서 끝나버리고 말 것이다.

결국 사람은 이 세상의 제한된 일부를 잘라내서 살아가는 것이다. 즉, 무엇을 알고 그것을 어떻게 받아들일까에 따라 그 사람의 '세계'가 결정된다. 그렇다면 행복한 삶의 방식은 그 사람이 어떻게 그것을 행복하게 잘라내는가 하는 방식에 있는 것이 아닐까?

뉴스나 보도는 본래 정보를 제공하는 역할을 할 뿐 그것을 잘라내서 해석하는 것은 그 사람 자신이 해야 한다. 그렇지만 지나치게 불안과 공포심을 부추기는 정보가 범람해서 정신을 차리고 보면 자신의 생각은 무엇인지 알 수 없게 된다.

항상 '세계'는 자신이 보는 것과 듣는 것으로 이루어져 있다는 사실을 명심하고 가능한 한 즐거운 일에 초점을 맞추는 것이 인생을 즐겁게 살아가는 비결이다.

그리고 그 기준은 배꼽에 깃들어 있다. 배꼽을 직접 만지는 것은

좋지 않기 때문에 등을 쭉 펴고 배꼽 주위를 손가락으로 가끔 쓰다듬
어 주어야 한다. 감성의 안테나를 단련한다는 생각으로 쓰다듬어 주
면 된다.

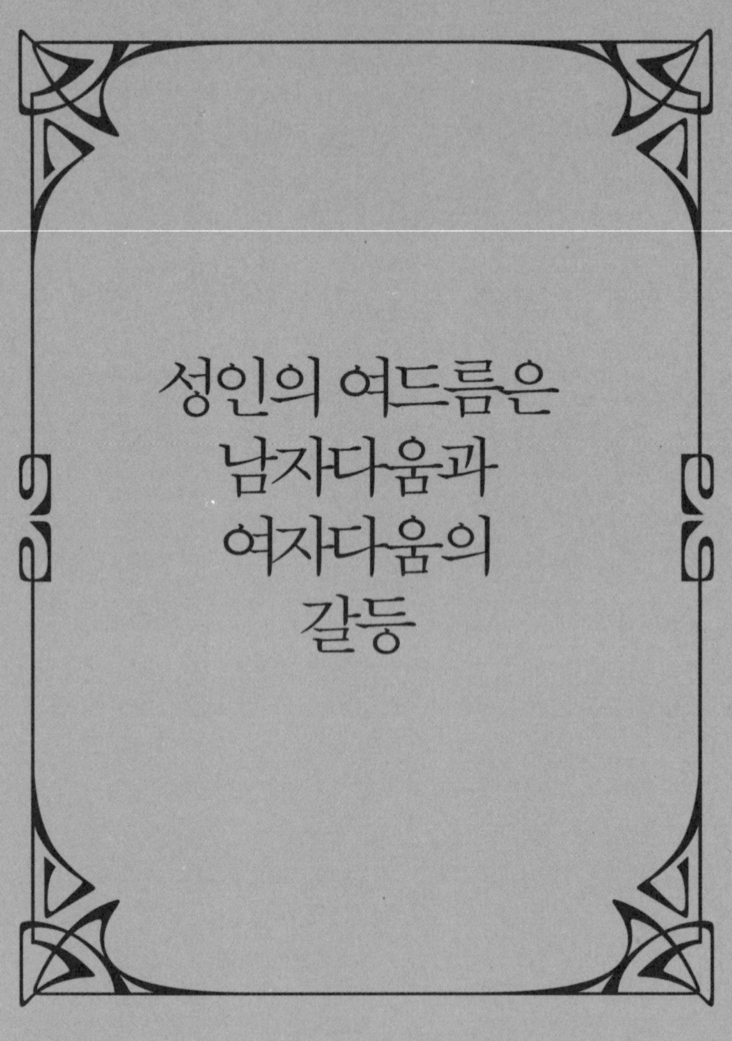

성인의 여드름은
남자다움과
여자다움의
갈등

여드름이나 부스럼은 상반신에 잘 생긴다. 얼굴이나 목 등에도 위쪽에 생기는 경우가 많다. 이것은 '기'가 상승하고 있다는 증거이다. 기가 '위'와 '표면'에 모이기 때문이다.

피부는 몸의 표면을 덮는 표피층과 그 아래에 있는 진피층으로 나뉜다.

여드름의 마음을 파악하기 위해서는 표피가 '현재의식(顯在意識)', 진피가 '잠재의식'에 대응하고 있다고 생각하면 이해하기 쉽다.

진피층=잠재의식의 갈등이 밖으로 흘러넘칠 것 같다는 호소가 여드름이나 부스럼으로 나타난다고 할 수 있다. 자기를 표현하고 싶지만 그 방법을 모르는 젊은 시절의 여드름이 바로 이것을 상징한다.

그런데 여드름이나 부스럼과는 전혀 관련이 없는 사람도 있다. 그것은 진피층에서 스스로 해결을 할 수 있는 사람이다. 표피에 부스럼 등이 나오지 않는 것이다.

여드름이 생기는 원리에 대해서 조금 설명하겠다.

피부는 표피, 진피, 피하조직이라는 3층 구조로 되어 있는데 여드름이 생기는 '모공'은 중간층의 진피에 있다. 모공의 입구가 모혈이다. 가장 위의 피부에 있는 모혈이 불순물로 덮이면 그 아래의 모공에 기름이 쌓여서 여드름이 생기는 것이다.

피지선도 진피에 있는데 피지선은 모공과 줄기처럼 이어쳐 있다. 그 외에도 진피에는 땀을 내보내는 '간선'도 있어서 피지선이 분비하는 피지와, 간선이 분비하는 수분이 섞여서 피부 표면의 '피지선'을 만들고 있다. 이 '피지선'은 적외선 등의 자극으로부터 피부를 보호해주고 있다. 피부의 촉촉함이 유지되는 것도 피지선 덕분이다.

그런데 이 유분과 수분의 밸런스가 무너져서 유분이 많아지는 경우가 생기는데 바로 이럴 때 여드름이 생긴다.

피지선이 분비하는 피지 속에는 트리글리세리드라고 하는 기름이 있는데 이것이 아크네(여드름)균의 영양분이 된다. 아크네균은 번식을 하면 모공 내에서 염증을 일으키기 때문에 곪아서 고름이 나거나 이른바 여드름의 원인을 만들거나 한다.

여드름을 없애려면 아크네균을 없애는 방법도 있지만, 원인을 파고들면 피지가 많아지는 체질이 더 큰 원인이다. 피부의 피지선을 발달시키는 것은 '안드로겐'이라는 호르몬과 관계가 있다. 이것은 소위 '남성호르몬'이라고 불리는데 피부에는 이 호르몬의 '수용체'가 있어서 피지선을 발달시키는 것이다. 여성에게도 안드로겐이 있어서 난소와 부신에서도 분비된다.

여성의 경우는 특히 황체기(배란 후부터 월경까지의 기간)에 많아진다. 이 시기는 피지선이 자극을 받아서 피부에 기름기가 많아진다. 즉, 황체기는 여드름이 생기기 쉬운 시기이다. 기초체온도 높아지기 때문에 몸이 이완되고 피부의 탄력이 없어지거나 체중이 줄기도 한다.

여성에게 안드로겐(남성호르몬)과 프로게스테론(여성호르몬), 이 두 개의 호르몬의 대항은 그 사람의 남성성과 여성성의 밸런스를 나타내고 있다.

여드름이 잘 생기는 사람은 본래 느긋하게 지내야 할 황체기에 남성성이 강한 행동을 하고 있다고 할 수 있을지 모른다. 그런 사람은 전투 모드에서 벗어나지 못해서 누군가와 접촉하고 싶지만 그럴 수 없고, 자신을 해방시키지 못하는 경우가 많다. 상황을 바꾸는 데에는 먼저 생각을 전달해야 하는데 그렇게 하지 못하고 전달하지 못한 채 단절되어 버린 짝사랑이 끈질긴 여드름으로 이어지기도 한다.

이런 체질을 바꾸기 위해서는 전투 모드를 벗어던지고 자신의 마음에 솔직해지는 것이 가장 좋다.

또 여자로서의 자기표현(여성의 아름다움은 이러해야 한다), 남자로서의 자기표현(남자란 모름지기 이래야 한다)에 대한 갈등이 심할수록 진피층을 뚫고 나와서 표피까지 나올 가능성이 높다.

즉, 여성이라면 '자신만의' 아름다움을 똑바로 응시해야 한다. 누가 정했는지 알 수도 없는 이상적인 미(美)와 같은 환상에 사로잡혀 휘둘리면 거기에 어울리지 않는 현재의 자신을 스스로 부정하게 된다.

심리학에서 말하는 엘렉트라 콤플렉스라는 것도 얼굴의 여드름에 영향을 미친다. 여자로서의 엄마에 대한 경쟁심으로 엄마보다 아름다워져야 한다는 잠재적인 자기부정이 여드름을 만드는 경우도 있다.

자신이 여드름이나 뾰루지가 많다고 여겨진다면 잠재의식 속에

숨겨진 마음의 갈등을 잘 파악해야 한다. 몸과 정면에 마주하는 것은
자신의 마음과 마주하는 것이기도 한다.

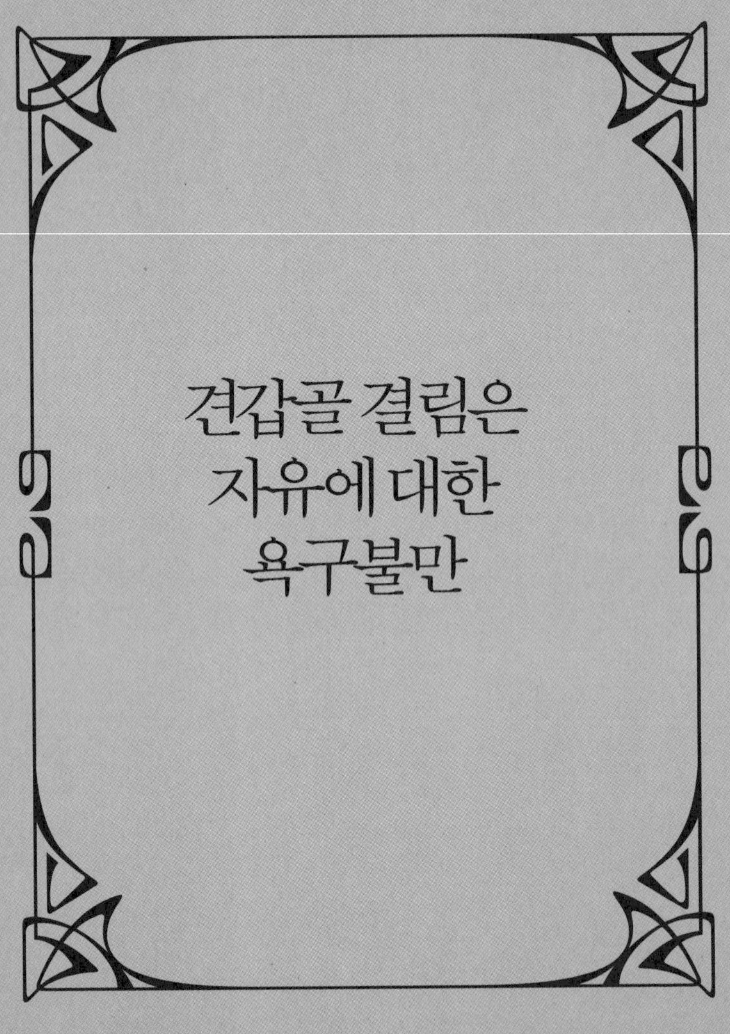
견갑골 결림은
자유에 대한
욕구불만

　견갑골(어깨뼈) 결림을 자각하는 일은 대단히 중요하다.

그럼에도 불구하고 최근에는 결림을 자각하지 못하는 사람들이 늘고 있다. 여러분도 마사지를 받을 때 "여기가 뭉쳐 있네요."라는 말을 듣고 처음 깨달은 경험이 있을지도 모른다.

　견갑골은 부담이 많이 가해지는 장소이다. 사람에게는 '이유는 모르지만 이렇게 하고 싶다.'라는 태어날 때부터 가지고 있는 욕구라는 것이 있다. 그 욕구가 견갑골에 상징적으로 깃들어 있다.

　어떤 책에서 생물은 진화 과정에서 조류는 하늘을 자유롭게 날기 위한 날개를, 인류는 도구의 원천인 손을 각각 획득한 것이라는 부분을 읽고 감탄한 적이 있다. 견갑골은 조류로 말하자면 '날개'이다. 하늘을 날갯짓하며 날아다니는 '자유'의 상징이다. 견갑골은 천사의 날개의 흔적일지도 모른다는 낭만적인 이야기도 있다.

　'세상을 더 많이 알고 싶다, 부모의 곁을 떠나고 싶다, 이곳 이 외에 나 자신을 발견할 수 있는 장소가 있지 않을까.'

장소나 이동에 관계되는 이런 '공간적 욕구'가 견갑골에 반영되어 있다.

반대로 말하면 견갑골이 심하게 결리는 경우는 한 곳에 머물고 있는 심리적 갈등이 강하다는 뜻이다. 직장, 가정, 부모 곁, 지역으로부터의 속박감이다. 또한 부모로부터, 파트너로부터, 직장의 상사로부터…….

단, 육체로서의 인간은 땅에 발을 붙이고 있기를 바란다. 따라서 견갑골 결림에는 '경제적 자유'에 대한 갈등도 잘 나타난다.

땅에 발을 붙이는 '그라운딩'도 중요하지만 누군가의 욕구만을 짊어지고 자신의 날개를 잊어버리는 것도 바람직하지 않다.

견갑골과 어깨 관절과 쇄골, 이 세 개는 세트로 움직이게 되어 있다. 구조적으로 상반신에 갑옷을 입고 있는 모양이다. 견갑골(肩胛骨)에는 '갑(甲)'이라는 글자가 포함되어 있을 정도이니 이곳의 결림은 '전투 모드'라는 의미도 지니고 있다.

공간적 자유, 경제적 자유, 전투 모드다.

견갑골은 아주 중요한 것을 짊어지고 있기 때문에 자신의 날개를 깨닫지 못하면 무거운 갑옷이 되어버리고 만다. 때로는 그 갑옷을 벗고 '의식적으로' 어깨와 팔을 이완시켜 주는 것이 좋다. 갑옷을 벗지 않으면 자신의 진정한 욕구도 알 수 없으니 말이다.

기의 흐름으로 말하면 견갑골에는 '삼초경'의 중요한 포인트가 있다. 삼초경은 상초(上焦. 호흡기 계열), 중초(中焦. 복부), 하초(下焦. 비뇨기, 생식기)에 기를 배분하는 경로이다. 체온조절이나 림프의 흐름도 담당하고 있다. 즉, 어깻죽지에 쌓인 기의 흐름을 전신에 분산시키고 림프의 흐름을 촉진시키는 작용도 있다.

견갑골은 팔의 사용법과 손가락 끝의 사용법에도 큰 영향을 주고 있다. 팔과 손은 그 사람의 자기표현의 장소이기 때문에 자신만의 욕구표현이 견갑골에서 팔과 손에 전달되는 것이다.

다른 사람에게 견갑골 마시지를 받는 것은 속박의 두려움을 극복하고 전신에 자유의 흐름을 가져다주는 작용을 한다.

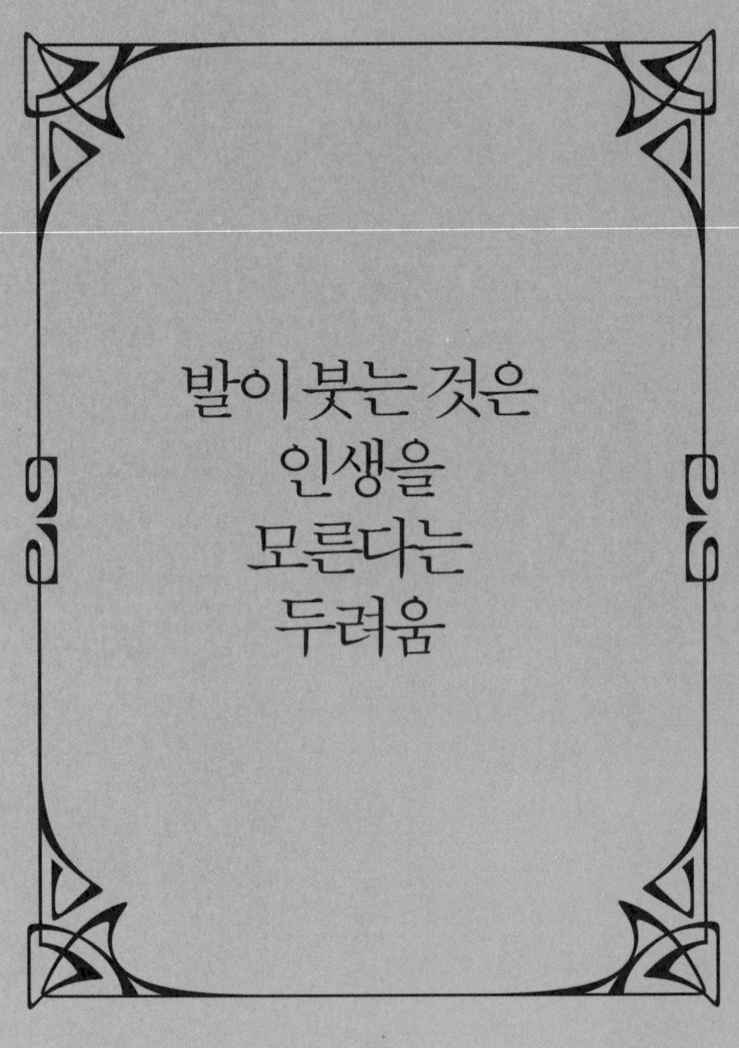

발이 붓는 것은
인생을
모른다는
두려움

발에 나타나는 가장 많은 자각증상은 '부종'이다.

발의 증상은 미래나 자신이 가야 할 방향에 망설임이나 두려움이 있을 때 나타나는 경우가 많다.

발의 부종은 실은 호흡과 관계가 있다. 호흡이 얕으면 전신의 혈액순환이 약해진다. 혈액의 순환은 심장의 힘만으로 이루어지는 것이 아니라 심장과 폐, 그리고 발 근육의 삼위일체로 이루어지는 작용이다.

깊은 호흡은 폐를 크게 수축하게 해준다. 숨을 깊이 내쉬면 혈액이 심장에서 폐로 단숨에 흘러든다. 심장에서 그 위의 폐로 혈액을 끌어올리는 것이다.

심장의 힘으로 전신으로 밀어낸 혈액을 중력을 거슬러 다시 심장으로 되돌리기 위해서는 발의 근육 운동을 해야 한다. 발의 운동이 혈액을 위로 끌어올리려고 하는 것인데, 발에서 배로 올라와서 다시 심장으로 돌아갈 때, 또 한 번의 힘이 필요하다.

그것이 호흡인데, 호흡은 심장에서 혈액을 폐로 힘껏 끌어올리는 힘이다. 그 호흡의 힘이 약하면 발에서 혈액을 끌어올리는 힘에 브레이크가 걸린다. 그러면 혈액이 발끝에 정체되어서 부종의 원인이 되는 것이다.

발의 증상은 발만의 문제가 아니다. 원숭이는 발로 능숙하게 나뭇가지를 잡는다. 두 발 보행으로 진화한 인간은 나뭇가지를 잡을 수는 없지만 그 대신 땅을 붙잡고 있다. 발끝에 5개의 발가락이 있는 것은 그 때문이다. 손가락만큼 잘 잡지는 못하지만 그럼에도 무언가를 잡기 위해 있는 것이다.

땅을 확실하게 밟고 서서 어디로 갈 것인지 '방향'을 잡는다. 그래서 발끝에는 걸어가야 할 인생의 길이 상징적으로 깃들어 있다. 이때 필요한 것이 자신만의 미의식이나 가치관이다.

세상이 불안정하면 할수록 많은 정보에 휩쓸리지 않는 자신만의 가치관이 필요하다. 그 가치관이 발에 깃들어 있다는 사실을 기억해야 한다.

평소에 발끝에 주의를 기울이는 경우는 별로 없다. 하지만 때로는 발끝을 분명하게 의식해야 한다. 예를 들어 외출을 하려고 신발을 신을 때, 발끝에 의식을 기울여보자. 분주하게 신발을 끌며 나가지 말고 호흡을 가다듬으면서 천천히 신발을 신고 발끝에 의식을 기울이자.

그리고 '멋있게 걸어가자.'라고 마음속으로 주문을 외는 것이다.

나가기 전에 '일단 마음을 가다듬는 것'이 중요한 포인트이다. 그렇게 하면 걸을 때에도 저절로 발끝에 의식이 향한다. 발끝에 의식이 향하는 것만으로도 자세가 좋아진다.

우아하게 걸어보자. 평소의 거리풍경이 달라져 보일 것이다. 그리고 몸의 안쪽에서 자신감도 솟을 것이다.

공포와 두려움을 정리하기 위해서는
등을 꼿꼿이 세우고 걷는다

신장이 건강한 사람은 자세가 좋고 기분 좋은 인상을 준다. 태도가 부드럽고 여유가 있으며 손과 발끝에 유연함이 묻어난다. 어딘지 눈도 대범함을 느끼게 하고 희미하게 미소를 띤 듯한 표정을 하고 있다.

여성이라면 물기에 젖은 듯한 눈썹과 윤기가 나는 검은머리가 섹시함을 느끼게 한다.

신장은 양팔을 내렸을 때, 팔꿈치의 높이에 있다. 가슴을 펴고 팔꿈치를 쭉 하고 등 쪽으로 폈을 때, 팔꿈치 끝 부분에 오른쪽 신장과 왼쪽 신장이 있다. 등 쪽에서 몸을 지켜보는 것이 신장의 포지션이다. 육체에 대해서도 혈액을 여과하고 정화하는 역할을 수행하고 있다.

신장이 건강하게 기능하고 있는 사람은 주위 사람에게 '안심감'을 준다. 고민거리를 상담해주는 경우도 많다. '나는 항상 여기서 지켜보고 있다.'라는 빛을 발하고 있다.

단, 이 기능이 지나친 경우는 우유부단한 태도로 보여서 상대를 초조하게 만드는 경우도 있다. 그렇게 되면 상대를 불쾌하게 만들었기 때문에 초조해지는 경우도 있다.

신장의 장점을 살리기 위해서는 일어설 때나 걸을 때, 의식적으로 '항문을 조이도록' 해보자. 항문만 조여도 저절로 등줄기가 쭉 펴질 것이다. 항상 이 의식을 잊지 말도록 해야 한다.

2주간 지속하면 자세가 쫙 펴지고 체형도 좋아질 것이다. 겉모습도 한층 날씬해질 것이다. 항문을 의식하고 있으면 처음에는 익숙하지 않아서 왠지 숨쉬기 거북한 사람도 많을 것이다.

그렇지만 2주 동안 계속하는 목적은 저절로 항문이 수축하는 듯한 자세, 게다가 편하게 호흡을 할 수 있는 포인트가 거기에 있기 때문이다. 그 포인트를 잘 잡기를 바란다.

우유부단은 두려움의 표현이다. 쭉 펴진 몸에는 우유부단한 마음은 들어오지 못한다.

　마음과 몸의 관계를 규명해온 지 어느덧 20년. 그러나 마음이 먼저인지, 몸이 먼저인지 항상 망설이게 된다.

　감정을 버릴 때, 먼저 몸을 움직이는 편이 효과적일 때가 있고, 움직이지 않는 관절이 마음가짐을 조금 바꾼 순간에 움직이기 시작하기도 하고, 어느 쪽이 먼저인지는 그 클라이언트의 상황에 따라 다르다.

　나는 현장주의이자 실용적으로 결과를 도출하는 방법론을 의
식하며 일을 해왔다. 치료사는 어느 정도의 '고집'이 필요한데 가
능한 한 나는 내 머릿속에서 그것을 쫓아내려고 노력해왔다. 물
론 생각하던 결과가 나오지 않는 경우도 있다. 그만큼 마음의 세
계는 심오하고 몸의 세계도 미스터리로 가득 차 있다.

　그렇지만 마음과 몸의 관계를 추구하는 일은 그만둘 수 없다.
　몸의 목소리에 귀를 기울이는 일은 인생 최대의 멘토와 만나
는 것이라고 생각하기 때문이다. 여러분 한 사람 한 사람이 자신
의 몸이라고 하는 인생의 내비게이터를 가지고 있다. 그리고 그
것은 그대로 앞으로의 '셀프케어'라고 하는 시대를 맞이함에 있
어 아주 중요해졌다. 자신의 몸을 자신이 지키는 시대에 최대의
아군은 역시 자기 자신의 몸이기 때문이다.

　본서에서 감정이 몸에 어떻게 작용하는지 그 구조를 알고, 그 스크램블 효과로 건강을 쟁취하는 사람이 늘어난다면 저자로서 그보다 더 기쁜 일은 없다. 꼭 어딘가에서 웃는 얼굴로 만날 수 있기를 기원하고 있다. 본서를 읽어주어서 진심으로 감사를 드린다.

오노코로 신페이

화, 불안
감정에 사로잡히면 병이 된다

1판 1쇄 발행 ‖ 2015년 2월 15일

지은이 ‖ 오노코로 신페이
옮긴이 ‖ 강성욱
펴낸이 ‖ 김규현
펴낸곳 ‖ 경성라인
주 소 ‖ 경기도 고양시 일산동구 백석2동 1456-5
전 화 ‖ 031) 907-9702   FAX ‖ 031) 907-9703
E-mail ‖ kyungsungline@hanmail.net
등 록 ‖ 1994년 1월 15일(제311-1994-000002호)

ISBN ‖ 978-89-5564-159-2 (03180)

* 잘못 만들어진 책은 구입하신 곳에서 바꾸어 드립니다.